Bibliografische Information der Deutschen Nationalbibliothek: Die Deutsche Nationalbibliothek verzeichnet
diese Publikation in der Deutschen Nationalbibliografie;
detaillierte bibliografische Daten sind im Internet über
dnb.dnb.de abrufbar.

© 2020 Georg Kiefner
Herstellung und Verlag: BoD – Books on Demand,
Norderstedt

ISBN: 9783752642162

Georg Kiefner

Erfolgreich
Unabhängig
Selbstständig

Die eigenen Ideen verwirklichen
und glücklich werden!

INHALT

EINFÜHRUNG

Dieses Handbuch soll Mut machen, aus der Anonymität auszubrechen, eigene Ideen und Ziele selbstbestimmt zu verwirklichen und Dinge zu machen, die man schon immer machen wollte.

In unserer modernen hochtechnisierten Welt gehen immer mehr Menschen einer sinnlosen, unnötigen beruflichen Tätigkeit nach, in der nur eine Fassade der Geschäftigkeit aufrechterhalten wird. Darauf machte der Anthropologe David Graeber aufmerksam. Er nennt diese Berufe Bullshitjobs. Dieses Buch soll motivieren und Mut machen, Jobs, in die man aus unterschiedlichsten Gründen hineingeraten ist und die Stress verursachen und eher krank als glücklich machen, zu verlassen und neue Herausforderungen anzugehen.

Über viele Jahre habe ich mit berühmten Persönlichkeiten und Unternehmern Interviews zum Thema geführt. Ich wollte wissen, wie sie wurden, was sie sind. Wie sie es geschafft haben, eigene Ideen zu verwirklichen, sich aus der Masse zu lösen und erfolgreich zu werden. Diese Erkenntnisse sind neben meinen eigenen Erfahrungen in dieses Buch eingeflossen. Aktuelle Interviews mit Menschen aus den unterschiedlichsten Berufen ergänzen dieses implizite Wissen.

Aus meinen eigenen Erfahrungen als Unternehmer und Unternehmensberater, aus der Zusammenarbeit mit der Industrie, Werbeagenturen und Medien weiß ich, dass es für den Erfolg keine unumstößlichen Richtlinien gibt. Und dass es für den Erfolg kein „zu jung" und kein „zu alt" und kein „zu früh" und kein „zu spät" gibt. Ebenso hat mir meine Berufspraxis gezeigt, dass diejenigen, die sich selbst herausfordern, aktiv sind und täglich neue schöpferische Kräfte entwickeln, im Wettbewerb bestehen. Und dass diejenigen, die ständig abwarten, statt zu starten und ihr Leben, ihre Arbeits- und Sichtweise zur Routine verkommen lassen, bereits mit einem Bein auf der Verliererseite stehen.

Dieses Buch ist für Menschen gedacht, die mehr aus sich, ihrem Leben, ihrem Job und ihren Ideen machen wollen. Es soll Mut machen, die kreativen Möglichkeiten – die in jedem Menschen, in allen Bereichen und Branchen stecken – zu nutzen und zu Sprüngen verhelfen, die man sich bisher (vielleicht) nicht zugetraut hat.

Es werden eine ganze Menge Bedenkenträger auftauchen, die dich darauf hinweisen werden, dass dieser Weg und insbesondere der Weg zur Selbstständigkeit ein gefährlicher Weg sei und viele Risiken berge. Das ist sicher richtig, doch bedenke, wie sehr sich die Zeiten gewandelt haben. Anders als zu den Zeiten unserer Eltern, wo ein lebenslanger Job in ein- und demselben Betrieb gang und gäbe war, sind stabile und lebenslange Beschäftigungsverhältnisse heutzutage kaum noch anzutreffen. Es ist abzusehen, dass in Zukunft und in Zeiten von Corona die Grenzen zwischen Arbeitnehmern und Unternehmern weiter verschwimmen und Phasen freiberuflicher Tätigkeit zu fast jedem Lebenslauf dazugehören werden.

Es empfiehlt sich, das vorliegende Buch nicht nur einmal zu lesen, sondern die Lektüre, auch von Teilen, öfter zu wiederholen. Nur so können sich die zahlreichen Motivationen, Bilder und Anregungen in deinem Bewusstsein festsetzen.

ERFOLG IST KEIN ZUFALL

Der Psychologe Anders Ericsson von der Florida State University kam im Rahmen einer Untersuchung mit Violinstudenten zu dem Ergebnis, dass ein Mensch 10.000 Übungsstunden benötigt, um außergewöhnliche Fähigkeiten zu entwickeln. Ericsson stellte fest, dass die Violinisten, die die Besten waren und eine Weltkarriere vor sich hatten, weitaus mehr als ihre Kommilitonen geübt hatten, nämlich rund 10.000 Stunden. Diese Untersuchungen Ericssons erläutert Malcolm Gladwell in seinem Bestseller *Überflieger. Warum manche Menschen erfolgreich sind – und andere nicht.* Und er illustriert Ericssons Erkenntnisse mit weiteren Beispielen, unter anderem mit der Geschichte der Beatles, die 1960 bis 1962 – zu der Zeit waren sie noch eine unbekannte Teenagerband – die Gelegenheit hatten, in Hamburger Nachtclubs aufzutreten. Fünf Mal kamen sie in diesen Jahren nach Hamburg, allabendlich spielten sie fünf bis acht Stunden. John Lennon erzählte viele Jahre später darüber in einem Interview: „Wir sind immer besser geworden und haben mehr Selbstvertrauen bekommen. Das war kaum zu vermeiden, bei der ganzen Erfahrung, die wir mitbekamen, weil wir die ganze Nacht durchgespielt haben. Wir mussten uns richtig ins Zeug legen, um rüberzukommen. In Liverpool hatten wir immer nur einstündige Auftritte gehabt, und wir haben immer nur unsere besten Stücke gespielt, jedes Mal dieselben. In Hamburg haben wir acht Stunden am Stück auf der Bühne gestanden, also mussten wir uns was Neues einfallen lassen" (Gladwell 2009, 48).

Philip Norman resümierte in seiner Beatles-Biografie *Shout!*: „Vor Hamburg haben sie auf der Bühne nichts getaugt, nach Hamburg waren sie sehr gut. Sie haben nicht nur Ausdauer gelernt. Sie mussten sich ein riesiges Repertoire aneignen – Coverversionen von allem, nicht nur Rock'n Roll, sondern auch ein bisschen Jazz. Vorher waren sie auf der Bühne undiszipliniert. Nachher haben sie anders geklungen als alle anderen. Hamburg war der Schlüssel zum Erfolg" (Gladwell 2009, 48).

Die 10.000-Übungsstunden-Regel hat für alle Vorhaben und Berufe Gültigkeit. Mobilisiere deshalb all deine Energien, bring dich in Schwung, spiele deine Karten richtig aus. Ausdauer und das Wissen darum, wer du bist, wer du sein willst und was du erreichen willst, sind die wichtigsten Voraussetzungen, um deine Ziele zu erreichen. Und wenn du in dem, was du tust, aufgehst, wird dir diese Art der positiven Motivation umso leichter fallen.

George Leonard, Aikido-Meister und Managementtrainer, hält ständige Übungsroutine für unerlässlich, um wirkliche Meisterschaft zu erlangen: „In den Kampfkünsten gibt es ein Sprichwort, das besagt, dass derjenige ein Meister ist, der jeden Tag fünf Minuten länger auf der Matte bleibt als alle anderen" (Leonard 2006, 76). Leonard erwähnt Larry Bird, einen der besten Basketballspieler aller Zeiten, der selbst auf dem Höhepunkt seiner Karriere zwei Stunden am Tag länger trainierte als seine Kollegen und sogar häufig auf seinen wohlverdienten Urlaub verzichtete, um stattdessen mit Langläufen seine Kondition zu verbessern. Was ihm leicht fiel, denn er liebte seinen Sport leidenschaftlich. Es machte ihm Spaß, Basketball zu spielen.

Die Beatles traten über Monate nächtelang in heruntergekommenen Nigthclubs auf. Atmosphäre und Bezahlung waren alles andere als berauschend. Und doch schafften sie gerade deswegen den Durchbruch. Hier hatten sie eine Experimentierbühne, die ihnen alles abverlangte und wo sie frei improvisieren konnten und mussten. Ohne Leidenschaft hätten sie das nicht geschafft. Ohne den unbedingten Spaß am Spiel wäre es ihnen ungleich schwerer gefallen, all ihre Energien zu mobilisieren.

Wie man seine Ziele erreicht

Bevor du erreichst, was du dir wünschst, musst du alles, was für dein Vorhaben von Interesse sein könnte, in dich aufnehmen. In Aufgaben, denen man nachgehen möchte, sollte man verliebt sein. Albert Schweitzer erkannte richtig: „Glücklichsein ist der Schlüssel zum Erfolg. Wenn du das, was du tust, liebst, wirst du erfolgreich sein." Wenn du genau das tust, was du tun willst, wirst du den Erfolg magisch anziehen. Und deine Mitmenschen und Kunden werden diese positive Energie spüren und sich zu dir hingezogen fühlen.

Nimm dir ein Blatt Papier und schreibe auf, was du am liebsten machst und am besten kannst. Beschäftige dich mit Biografien erfolgreicher Menschen. Studiere erfolgreiche Menschen, studiere ihre Arbeitsweise und ihre Erfolgsgeheimnisse. Achte auf Details, auch wenn sie im ersten Moment noch so unbedeutend erscheinen mögen. Lass dich beim Erreichen deiner Ziele durch nichts und niemanden von deinem Weg abbringen und in keinen Schuh pressen, der dir nicht passt. Um ein Ziel zu erreichen, kommt es weniger darauf an, aus welcher sozialen Schicht man kommt, sondern einzig und allein darauf, was man in seinem Leben erreichen will. Mit dem Anspruch, täglich sein „Bestes" zu geben, um eines Tages zu den „Besten" zu gehören, wirst du dich von deinen Mitbewerbern abheben und deine selbst gesteckten Ziele erreichen. Lass deshalb immer und überall erkennen, wohin dich dein Weg führen soll. Setze Impulse, mach Ansprüche geltend, stell dich den Herausforderungen, sei einzigartig, anspruchsvoll und lerne deine Rolle so, dass du außergewöhnliche Fähigkeiten entwickelst.

Oftmals sind es Kleinigkeiten, die Erfolge und Zielsetzungen verhindern. Dinge, die man aus Gewohnheit oder Trägheit hinnimmt, die aber unnötige Energien kosten. Verbanne unbedeutende Dinge oder Menschen, die deine kostbare Zeit rauben, aus deinem Leben. Intensiviere stattdessen den Kontakt zu Menschen, die dich respektieren und dir guttun. Schreibe alle Punkte auf, die dich seit Längerem nerven. Gönne dir ein Großreinemachen in deinem Kopf und mach dich fit für deine Vorhaben.

Triff mutige Entscheidungen und handle jetzt

Denke nach, was du als Kind oder Jugendlicher schon gerne gemacht hast. Wofür du von Freunden und Bekannten Anerkennung bekommst. Welches Hobby du mit Begeisterung betreibst. Welche Entfaltungsmöglichkeiten dein Beruf bietet. Welche Chancen du bisher nicht oder zu wenig genutzt hast und jetzt aufgreifen möchtest. Nutze deine Ideen und setze sie gewinnbringend um. Ich kenne eine Menge Menschen, die ihre Ideen nur spazieren tragen und damit hausieren gehen. Doch wenn man sie fragt, wann sie damit beginnen wollen, sagen sie „morgen", „nächste Woche", „später", „irgendwann". Das magische Erfolgswort heißt „JETZT". Ich fange jetzt damit an, jetzt gleich.

Wer denkt, ich werde mich irgendwann in dieser oder jener Sache verändern, mich selbstständig machen, ein eigenes Unternehmen gründen und mein eigener Chef sein, versprüht für gewöhnlich nur Luftblasen und gewinnt nichts. Er wird deshalb nicht zu den Gewinnern zählen, weil es immer irgendwelche Hindernisgründe, vom Geldmangel bis zur wirtschaftlichen Flaute und weitere Ausreden für die (fast) nie perfekten Bedingungen geben wird.

Als sich Umberto Amico aus Sizilien – ehemals Chefkoch bekannter Restaurants in Palermo, Mailand, Rom, Florenz und München – selbstständig machte, wählte er als Arbeitsort nicht etwa eine Metropole, sondern eine kleine bayrische Gemeinde. Hier – so sagte er – habe er seine persönliche gastronomische Zukunft gesehen und gefunden. „Engagement und Leistungen", so Umberto, der bereits für Prominente wie Michelle Hunziker, Bud Spencer, Franz Beckenbauer und Roberto Blanco kochen durfte, „musst du überall bringen, sie werden überall geschätzt." Für Umberto, der aus einer ländlichen Gegend stammt und in einem armen Elternhaus mit acht Kindern aufgewachsen ist, war es wichtig, einen Ort zu finden, wo auch seine Kinder in der freien Natur aufwachsen können.

Einen Garantieschein gibt es für nichts. Natürlich ist Selbstständigkeit oder eine Unternehmensgründung nicht für alle Menschen gleichermaßen geeignet. Wer sich jedoch dafür interessiert, seine Stärken mobilisiert, aus dem Gewohnten ausbrechen will und neue Herausforderungen sucht, der sollte seine Möglichkeiten und sein Potenzial nutzen.

Alles, was willensstarke Menschen in sich haben, ist auch in dir. Die Unterschiede zwischen willensstarken und willensschwachen Menschen liegen darin, dass sie ihre Angst vor Fehlern überwinden und ihren Intuitionen folgen. Sie leben schneller, spannender und offener. Sie sind unkonventionell und setzen alles daran, dass ihr Leben aufregend bleibt. Sie sind ständig auf der Lauer, um das Beste aus ihren Ideen, ihrem Beruf und aus sich selbst zu machen. Ihr Interesse gilt allem Neuen. Dass etwas nicht möglich ist und nicht funktionieren könnte, kommt ihnen nicht in den Sinn. Sie registrieren und aktualisieren. Sie wissen, dass gute Ideen alleine nicht ausreichen und zur Umsetzung konstruktive Lösungen gefunden werden müssen. Dass dieser schwierige Prozess auch von Zweifeln begleitet wird, liegt auf der Hand. Doch gerade diese Zweifel geben ihnen zusätzlichen Antrieb und Grund, weiterzusuchen. Ihr Ziel ist, ihr volles Potenzial zu nutzen. Sie fragen sich: Wie kann ich das Optimale aus meinen Fähigkeiten herausholen? Wie kann ich dies und jenes optimieren, um im Wettbewerb zu den Siegern zu gehören? Ihre Intuitionen ziehen sie aus dem Leben selbst, ihren Erfahrungen, ihrer Umgebung und erfolgreichen Vorbildern. Alle genannten Attribute sind auch in dir. Du musst sie nur entdecken und zulassen und zum Leben erwecken!

Erfolge hängen nicht davon ab, wie genau man sich Lösungen eines Problems vorstellen kann. Wie genau man sich seine Zukunft vorstellen kann. Erfolge stellen sich dann ein, wenn man seinen Visionen und Träumen, die unbewusst inszeniert werden, folgt. Wenn man seine Angst überwindet, Fehler in Kauf nimmt, aus gemachten Fehlern lernt und sein Ziel kontinuierlich verfolgt.

Tom Peters, einer der innovativsten Unternehmensberater der Welt, dessen Buch *Auf der Suche nach Spitzenleistungen* heute zu den Klassikern der Managementliteratur gehört, schreibt in seinem aktuellen Buch *Re-imagine*: „Nach 40 Jahren Berufstätigkeit bin ich von einem absolut überzeugt: Die Gewinner sind diejenigen, die ... versuchen ... sehen, was herauskommt ... (rasch) reagieren ... und dann (rasch) etwas anderes versuchen. In jenem BusinessWeek-Artikel vom Juli 1978, der das Fundament für *Auf der Suche nach Spitzenleistungen* legte, nannte ich diesen Ansatz: ‚Handeln. Reagieren. Probieren‘. Später wurde daraus ‚Primat des Handelns‘. „Primat des Handelns. Ich würde mein Leben darauf verwetten. Mit Freuden" (Peters 2007, 309).

Warum nicht von den Erfahrungen derer profitieren und lernen, die bereits auf ein erfülltes Leben zurückblicken? Der Psychologe John Izzo fragte 200 Menschen zwischen 60 und 106 Jahren, was für sie das Geheimnis eines erfüllten, geglückten Lebens sei. So fragte er unter anderem: Was machte Sie am glücklichsten? Was bereuen Sie am meisten? Was war wichtig, was stellte sich im Nachhinein als eher unwesentlich heraus? Und die Antworten bestätigen das bisher Gesagte. Übereinstimmend sagten fast alle der Befragten, dass es am Wichtigsten sei, sich selbst treu zu sein, der inneren Stimme zu folgen und das Leben nach den eigenen Wünschen auszurichten. Auf die Frage, was sie sich selbst empfehlen würden, wenn sie noch einmal jung sein könnten, antworteten die meisten dieser 200 interviewten Personen, dass sie mehr Wagnisse eingehen würden. Und dass die wichtigsten und entscheidendsten Schritte in ihrem Leben immer die gewesen seien, vor denen sie besonders viel Angst gehabt hätten und die mit dem Risiko des Scheiterns verbunden waren.

Einen Garantieschein für Erfolg gibt es nicht, aber möchtest du am Ende deines Lebens zurückblicken und bereuen, etwas nicht getan zu haben? Der Philosoph Bertrand Russell sagte einmal: „Die Angst zu besiegen ist der Anfang der Weisheit." Und Golo Mann war überzeugt: „Glück setzt Aktivität voraus. Glück hat man nur, wenn man etwas wagt."

Kämpfe für dein Vorhaben

Manfred Huber-Perez Moreno aus dem Berchtesgadener Land hat für sein Vorhaben gekämpft und seinen Traum realisiert. Manfred Huber-Perez Moreno wurde ohne Beine geboren. Nach einer Ausbildung zum technischen Zeichner und Feinmechaniker fand er keinen Arbeitsplatz. 13 Jahre lang arbeitete er als Bankkaufmann bei der örtlichen Bank.

„Aber das hat mich alles nicht wirklich interessiert", erzählt er. „Immer schon habe ich hobbymäßig in der Garage an Autos gebastelt, bis mir dann klar wurde, dass ich ja eigentlich Handwerker bin."

Manfred Huber-Perez Moreno richtete sich eine Automobilwerkstatt ein und spezialisierte sich auf Oldtimer. Doch dann begannen die Probleme mit den Banken. Niemand traute ihm zu, dass er es ohne Beine schaffen könnte. Einen langfristigen Kredit erhielt er zunächst nicht. Doch Manfred Huber-Perez Moreno hat es geschafft. Heute gehört er zu den anerkanntesten und gefragtesten Spezialisten in seinem Metier. Er hat Stammkunden im In- und Ausland. Auch der verstorbene Formel-1-Rennfahrer Niki Lauda war sein Kunde. Huber-Perez Moreno ist überzeugt: „Behinderte sollten sich nicht verstecken oder versteckt werden. Es ist einfach schade, wenn man in Selbstmitleid zerfließt und sich nichts traut. Meine Philosophie ist: ‚Alles ist möglich‘, und danach sollten andere auch handeln" (Chiemsee Nachrichten, 14.8.2009).

Michael Jordan, einer der besten und charismatischsten Basketballspieler aller Zeiten, musste trotz harten Trainings und guter Leistungen erleben, dass ihn sein Trainer in der 10. Klasse vor einem entscheidenden Spiel nicht in das die Schule repräsentierende Basketballteam aufnahm. Er konnte es einfach nicht begreifen. Doch statt zu resignieren, war ihm das zusätzlicher Ansporn. Er trainierte so viel wie nie zuvor und schaffte in den nächsten zwei Jahren eine derartige Leistungssteigerung, dass mehrere Talentscouts auf ihn aufmerksam wurden und ihm diverse Sportstipendien angeboten wurden. In seiner 1995 erschienenen Autobiografie *I can't accept not trying* schreibt er: „Wenn ich mich mit irgendeiner neuen Situation konfrontiere, stelle ich mir vor, dass ich erfolgreich sein werde. Ich denke nicht daran, was passieren könnte, wenn ich versage. Aber ich sehe immer wieder, wie einige Menschen aus Angst vor einem Versagen erstarren. Sie übernehmen das von Vorbildern oder entwickeln es einfach aus den Gedanken an die Möglichkeit des Misserfolgs. Sie haben wohl Angst, eine schlechte Figur zu machen oder in Verlegenheit zu geraten. Das ist für mich nicht wichtig genug. Ich habe mir klar gemacht, dass ich angreifen muss, wenn ich etwas in meinem Leben erreichen will. Ich muss rausgehen und was unternehmen. Ich glaube nicht, dass du etwas erreichen kannst, wenn du passiv bist. Ich weiß, dass Angst für einige Menschen ein Hindernis darstellt, aber für mich ist sie Einbildung!" (Martens/Kuhl 2004, 123)

Ein weiteres Vorbild, was Entschlossenheit und schier unerschöpfliche Willenskraft angeht, ist W. Mitchell. Im Alter von 28 Jahren hatte er einen schweren Motorradunfall. Mehr als 65 Prozent seiner Haut waren verbrannt, sein Gesicht entstellt, seine Hände verstümmelt, er verlor acht seiner Finger. Als er vier Jahre später seinem Hobby, dem Fliegen, nachging, zerschellte seine Maschine, und er blieb querschnittsgelähmt. Im Krankenhaus lernte er eine Krankenschwester kennen, die er einige Jahre später heiratete. W. Mitchell ist heute einer der berühmtesten und angesehensten Motivationstrainer der Welt. Er erhielt den Council of Peers Award of Excellence (CPAE), die höchste amerikanische Auszeichnung für professionelle Redner. Seine Auftritte inspirieren die Menschen weltweit. Er sagte einmal: „Bevor ich gelähmt war, konnte ich 10 000 Dinge tun, jetzt sind es nur noch 9000. Ich kann entweder über die 10 000 Möglichkeiten klagen, die ich verloren habe oder mich auf die 9000 konzentrieren, die mir geblieben sind." Bei einem seiner Auftritte erklärte er: „Als Mitchell entschied, Mitchell war und ist verantwortlich für Mitchell, veränderte sich mein Leben grundlegend" (Taylor 2003, 30).

Die individuelle Bewältigung besonderer Situationen sowie Verantwortung und Widerstandskraft sind der entscheidende Faktor für die individuelle Krisenfestigkeit. Wer die Krise und die damit einhergehenden Empfindungen akzeptiert und im zweiten Schritt nicht passiv in der Opferrolle verharrt, sondern offensiv in die Zukunft blickt und aktiv nach Lösungen sucht, hat die besten Voraussetzungen, mit schwierigen Situationen umzugehen und fertigzuwerden. Solche Menschen bleiben auch in schwersten Krisen Gestalter ihres Schicksals. Besonders zu empfehlen ist in diesem Zusammenhang Susan Jeffers praktischer Ratgeber *Selbstvertrauen gewinnen. Die Angst vor der Angst verlieren.* Jeffers, die zehn Jahre lang das New Yorker „Floating Hospital", ein schwimmendes Krankenhaus für sozial Benachteiligte leitete, geht davon aus, dass Angst vor Entscheidungen und beruflichen Herausforderungen etwas ganz Alltägliches ist, das jeden Menschen betrifft. An den Leser gewandt macht sie uns auf etwas aufmerksam, das allzu leicht vergessen wird: „Sie bringen die Erfahrungen anderer, insbesondere von Prominenten, möglicherweise nie in Beziehung zu ihrem eigenen Leben. Sie meinen vielleicht, dass die anderen glücklicherweise keine Angst haben, aus sich herauszugehen. Eben nicht! Sie alle mussten eine ungeheure Angst überwinden, um dahin zu kommen, wo sie heute sind [...] und sie müssen sie ständig von Neuem überwinden" (Jeffers 1992, 26).

Einschränkungen und Widerstände, die einen hindern, sein Potenzial abzurufen und seine Ziele zu erreichen, gibt es unzählige. Als der berühmte Schriftsteller Paulo Coelho mit 17 Jahren den Wunsch äußerte, Schriftsteller zu werden und sein Jurastudium vernachlässigte, ließen ihn seine Eltern in eine psychiatrische Anstalt einweisen. Sie wollten, dass er sein teures Studium fortführt und Rechtsanwalt wird. Doch von seinem Ziel konnten sie ihn nicht abbringen. Ganz im Gegenteil: Er begriff diese Erfahrung als Chance. Die Zeit in der Psychiatrie hat er in einem seiner Bücher verarbeitet. In einem Interview mit dem spanischen Journalisten Juan Arias blickt er zurück: „Im Grunde war ich ein Idealist und dachte mir, dass jemand, der Schriftsteller werden wollte, alle nur erdenklichen Erfahrungen machen müsse, auch die einer psychiatrischen Anstalt. War das nicht das Schicksal so vieler Künstler gewesen, das von van Gogh und vielen anderen?" (Arias 2001, 52). Coelho neutralisierte die negative Erfahrung der Zwangseinweisung in die Psychiatrie durch seine eigenen Eltern (!), indem er sie zu einem Movens seiner schriftstellerischen Karriere machte.

Vorbilder als Motivationsquelle

Die positive Imaginationskraft von Vorbildern ist als Motivationsquelle nicht hoch genug einzuschätzen. Das können Menschen, die wir aus Büchern oder den Medien kennen, oder eine oder auch mehrere Personen in unserem persönlichen Umfeld sein. Die Vorbilder oder Vorstellungen dürfen ruhig auch ein wenig skurril sein. Vielleicht werden andere, denen du davon erzählst, darüber lachen. Doch wichtig ist einzig und allein, dass es dich zu Höchstleistungen motiviert.

Auch Kontakte sind enorm wichtig! Ein Netzwerk von Partnern, Freunden und Bekannten kann die berufliche Karriere positiv beeinflussen.

Denke positiv

Der Erfolg muss klar vor Augen sein. Er muss geplant und gewollt sein. Das Unterbewusstsein muss sagen: Das kann ich. Positiv denkende Menschen werden niemals sagen: Das geht nicht. Das habe ich noch nie gemacht. Das Risiko ist mir zu groß. Sie gehen an jede Situation neugierig heran. Sie wollen wissen, ob es geht und wie es geht. Und wenn es nicht so läuft wie gehofft, dann verbuchen sie dies als positive Erfahrung, um es beim nächsten Mal besser zu machen.

Mach es zu deiner Aufgabe, dich selbst, deine Zukunft, deine Chancen und alles um dich herum positiv zu sehen. Sobald du es schaffst, negativ erscheinende Pole in positive zu verwandeln, wirst du mehr Spaß am Leben und mehr Erfolge im Leben haben. Wer immer mit einem negativen Ausgang rechnet, der wird im Leben auch tatsächlich nur Fehlschläge erleben. Zu den größten Erfolgshindernissen gehört nämlich die negative Selbsteinschätzung und die damit einhergehende negative Erwartungshaltung, die kreative Energien hemmt. Menschen, die glauben, dass man für dieses oder jenes nicht intelligent oder nicht kompetent genug ist, geben oftmals viel zu früh auf. Viele Menschen fühlen sich vom Glück verlassen und vom Unglück verfolgt. Registrieren aber oft nicht, dass sie selbst schuld daran sind. Dass sie mehr auf ihre negativen Schwingungen als auf ihre positiven hören, und so der Power, die in ihnen steckt, keine Chance geben.

Joe Kaeser (Siemens) – sein Vater war Fabrikarbeiter – Bill Mc-Dermott (SAP), Herbert Diess (VW) kommen alle aus einfachen Verhältnissen. Nur die absolute Minderheit in den Vorständen kommt aus industriellen oder wohlhabenden Familien. Mittelschichtkinder und die, die sich selbst etwas zutrauen und ihr Schicksal selbst in die Hand nehmen, haben hierzulande gute und sehr viel bessere Chancen als in vergleichbaren europäischen Ländern.

Bring deine negativen Vorbehalte zum Schweigen und halte dich von Menschen fern, die immer nur schwarzsehen und allem Neuen skeptisch gegenüberstehen, nicht wollen, dass sich jemand in ihrem Bekannten- oder Freundeskreis verändert. Davon gibt es mehr, als du denkst!

Lies inspirierende Bücher (einige habe ich bereits genannt, weitere findest du im Literaturverzeichnis), mach dich auf die Suche nach aufbauenden, Mut machenden Zitaten oder schreib dir selbst positive Affirmationen auf kleine Klebezettel, die du an wichtigen Orten deiner Wohnung anbringst. Affirmationen sind positive Selbstvergewisserungen, bejahende Aussagen über sich selbst, die eigene Kreativität und Schaffenskraft. Durch das ständige Wiederholen dieser Sätze, die möglichst kurz sein sollten, stärkst du die Macht deiner Gedanken. Das gilt im Übrigen auch für die Texte dieses Buches. Je öfter du sie liest, umso stärker wird sich bei dir die positive Grundhaltung durchsetzen, denn die brauchst du, um Erfolg zu haben.

Eine besondere Wirkkraft haben Bilder. Das gilt nicht nur für Vorbilder, sondern auch für bildhafte Vorstellungen jeglicher Art (wie zum Beispiel auch „Eselsbrücken" beweisen). Ein befreundeter, heute sehr bekannter Schriftsteller erzählte mir einmal, wie er am Ende seiner Studienzeit mehrere Jahre an seiner Doktorarbeit schrieb und kein Ende fand. Er wohnte im Bahnhofsviertel einer großen Stadt. Der Bahnhof und die Umgebung wurden damals gerade saniert. Und er kam jeden Tag an einem neu entstehenden großen Hochhaus vorbei. Nach einem Jahr war das Gebäude fertig. Er sagte sich nun, wenn ein derart hohes Gebäude in einem Jahr fertiggestellt werden kann, kann ich erst recht meine Doktorarbeit in wenigen Monaten beenden. Das Bild des Hochhauses war ihm stets vor Augen, und er erreichte sein Ziel.

Bilder werden im Unbewussten gespeichert und stimulieren unser Verhalten und Denken von dort aus, ohne dass wir uns an die mit den Bildern verknüpften Wünsche und Ziele ständig erinnern oder daran denken müssten. Die mit Bildern assoziierten Gefühle sind viel komplexer und reicher als jeder Satz. Nicht umsonst heißt es: „Ein Bild sagt mehr als tausend Worte."

ERFOLG ALS STÄNDIGE HERAUSFORDERUNG

Messe Misserfolgen keine allzu große Bedeutung bei

Erwarte nicht, dass dein erster Anlauf gleich erfolgreich ist. Wenn ein erster Versuch fehlschlägt, muss unbeirrt ein zweiter, dritter, vierter Versuch usw. gestartet werden. Alle großen, heute bedeutenden Persönlichkeiten haben vor ihrem beruflichen und finanziellen Erfolg Lehrgeld bezahlen müssen. Der Unterschied zu weniger Erfolgreichen, die niemals aus dem Mittelmaß herausgekommen sind, liegt darin, dass sie niemals aufgegeben und für ihr Ziel, reich und erfolgreich zu werden, gekämpft haben.

Ein Beispiel ist die Designerin Andrée Putman, Paris. In einem Buch der Autorin Sophie Tasma-Anargyros, in dem die 50 wichtigsten Projekte von Andrée Putman ausgewählt und vorgestellt werden, sagt sie: „Ich bin eine der Französinnen, die fünfundzwanzig Arbeitsjahre lang völlig unbekannt waren. Und von einem Tag auf den anderen hatte ich in allem Recht! Als es soweit war, habe ich es zunächst überhaupt nicht begriffen. Es war wie eine kalte Dusche, oder nein, eher wie eine warme Dusche nach vielen kalten!" (Tasma-Anargyros 1993) Andrée Putman hat es auf vielen Gebieten zu Berühmtheit gebracht: in Einrichtung, Design, Mode und Architektur. Andrée Putman prägte mit ihrem minimalistischen Stil Privatwohnungen von James Brown, Karl Lagerfeld, Yves Saint Laurent, Luxushotels weltweit und das Interieurdesign der Fluglinie Concorde. Andrée Putman gilt als führende Innenarchitektin unserer Zeit.

Fazit: Erfolge brauchen Zeit und Beharrlichkeit. Es muss ständig daran gearbeitet werden, und jeder muss für sich selbst sorgen, dass sich nach einigen, niemals vermeidbaren kalten Duschen auch warme einstellen. Der Aikido-Meister und Managementtrainer George Leonard hat in seinem wegweisenden Buch *Der längere Atem* noch auf einen weiteren Aspekt aufmerksam gemacht: Es wird sich nicht Höhepunkt an Höhepunkt, Erfolg an Erfolg reihen. (Das suggeriert uns allenfalls die Unterhaltungs- und Werbeindustrie.) Es gibt auch Phasen, in denen wir scheinbar nichts oder wenig zustande bringen, in denen uns nichts gelingen will, in denen wir geradezu stagnieren. Leonhard nennt diese Lebensabschnitte Plateauphasen, für ihn sind es die entscheidenden Abschnitte des Lebens. Ein wahrer Meister in seiner Disziplin wird nur derjenige, der auch in einer solchen Phase weiter auf seinem Weg voranschreitet und durchhält.

Es gibt Karrieren, die sich kontinuierlich vollziehen und solche, die urplötzlich wie ein Stern am Horizont erscheinen und genauso, beim kleinsten Gegenwind, wie eine Seifenblase zerplatzen. Letztere Varianten erleben in aller Regel die Personen, die in ihrer Glanzzeit große Erfolge feierten, ihre Weiterentwicklung aber verschlafen und nicht weiter auf ihrem Weg vorangeschritten sind. Sie können am Ende ihrer Laufbahn zwar Teilerfolge verbuchen, aber keine wirkliche Karriere vorweisen.

Denke nicht darüber nach, was andere denken. Kalkuliere Fehler ein, und lass dich nicht entmutigen, wenn sie eintreten. Vergiss, wenn etwas misslingt, und gehe neue Aufgaben an. Vertraue auf deine Gefühle. Denke auch in schwierigen Phasen positiv. Bleibe energisch und unnachgiebig bei der Verfolgung deiner Ziele. Bleibe lernfähig, achtsam und aufmerksam. Kümmere dich nicht um deine Herkunft, sondern um deine Fähigkeiten. Zeige, was in dir steckt.

Sam Walton, Gründer der Supermarktkette Wal-Mart und einer der erfolgreichsten Einzelhandelsunternehmer der USA, schrieb in seiner Autobiografie (2001): „Ich glaube, dass ich jeden einzelnen Fehler dadurch überwunden habe, weil ich mit voller Hingabe und Ausdauer an meine Arbeit gegangen bin. Ich weiß nicht, ob man mit dieser Hingabe geboren werden muss, oder ob man das auch lernen kann. Aber eines weiß ich: Du brauchst es! Wenn du deine Arbeit liebst, dann gibst du jeden Tag dein Bestes. Und es dauert nicht lange, dass auch alle Leute um dich herum von deiner Passion, wie von einem Fieber, erfasst werden!"

Dass Fehler und Misserfolge auch ihr Gutes haben, ist unbestritten, nicht allein wegen des Lerneffekts. Thomas Alva Edison, der Erfinder der Glühbirne, benötigte – so wird berichtet – über 10 000 Versuche, um eine funktionsfähige Glühbirne zu entwickeln. Sein bester Freund gab ihm den Rat, das unergiebige Unterfangen zu vergessen und aufzugeben. Doch Edison dachte gar nicht daran. Edison soll seinem Freund erstaunt geantwortet haben: „Warum, ich habe doch nicht nutzlose Energie vergeudet. Ich habe 10 000 Wege gefunden, wie eine

Glühbirne nicht funktioniert. Ich habe mit Erfolg 10 000 Wege entdeckt, die zu keinem Ergebnis führen" (Martens 2004, 135).

Manchmal ändert sich durch Fehlversuche auch die Richtung. Es entsteht etwas völlig Neues, ursprünglich nicht Beabsichtigtes. Die Geschichte der Post-its ist so ein Beispiel. Der Chemiker Spencer Silver wollte im Jahre 1968 einen neuen Superkleber entwickeln, der stärker sein sollte als alle bis dahin bekannten Klebstoffe. Leider hatte er keinen Erfolg. Im Gegenteil: Stattdessen entstand ihm eine klebrige Masse, die zwar überall haftete, aber ebenso leicht wieder zu entfernen war. Niemand war an dieser Erfindung interessiert und sie geriet in Vergessenheit. Mehrere Jahre später – es war das Jahr 1974 – erinnerte sich Art Fry, ein Kollege von Spencer Silver, an dessen Idee. Art, Sänger in einem Kirchenchor, ärgerte sich über die ständig aus seinem Gesangbuch herausfallenden Lesezeichen. Er hatte im Labor noch eine Probe von Spencers Klebstoff, den er auf seine Zettel auftrug. Die Zettel klebte er auf diese Weise ins Gesangbuch. Sie hafteten zuverlässig und ließen sich auch sehr leicht wieder ablösen, ohne irgendwelche Spuren auf den Seiten zu hinterlassen. So begann die Erfolgsgeschichte der Post-its, die heute aus keinem Büro der Welt mehr wegzudenken sind.

David Taylor, der Autor des Management-Bestsellers *The naked Leader* (2003), hat sich einmal die Mühe gemacht, den ungewöhnlichen Lebensweg Abraham Lincolns, bevor er im Jahre 1860 der 16. Präsident der Vereinigten Staaten von Amerika wurde, aufzuzeichnen. Taylor konzentriert sich dabei auf die Niederlagen und Brüche, also etwas, was in dieser konzentrierten und pointierten Form so in keinem Lexikon steht und – wie wir schon erwähnten – bei der Bewunderung der besonders Erfolgreichen oft nicht beachtet und berücksichtigt wird. Dabei haben auch gerade die Erfolgreichen – und zwar alle – mit Misserfolgen und Niederlagen zu kämpfen gehabt. Lincoln, der mit neun Jahren seine Mutter verlor und schon in jungen Jahren sehr hart arbeiten musste, um die Existenz seiner Familie zu sichern, musste 1833 – im Alter von 24 Jahren – Bankrott anmelden. Er benötigte die folgenden 17 Jahre seines Lebens, um seine Schulden zurückzuzahlen. Nachdem 1835 seine Geliebte gestorben war, erlitt er im darauffolgenden Jahr einen Nervenzusammenbruch. Er brauchte ein halbes Jahr, um sich von seiner Nervenkrise zu erholen. In den Jahren 1840–1858 scheiterte er dreimal bei der Wahl zum Kongressabgeordneten und zweimal, als er sich als Senator bewarb.

Das Genannte ist nur ein kleiner Auszug aus den Niederlagen Lincolns, die David Taylor in seiner Biografie Lincolns auflistet. Es zeigt nicht nur sehr illustrativ, dass auch berühmte Menschen mit Misserfolgen zu kämpfen hatten (und daran gewachsen sind), die natürlich sehr einseitige Auflistung Taylors zeigt uns auch, wie schädlich eine zu starke Fixierung und Konzentration auf negative Ereignisse in unserem Leben ist. Hätte Lincoln sich zu sehr davon unterkriegen lassen, würde ihn heute niemand kennen.

Mach, was du schon immer machen wolltest

Bernhard Paul, Direktor des Circus Roncalli, gehört
ebenso zu den Menschen, die aus ihrer vorgedachten Rolle ausgebrochen sind und neue Welten für sich entdeck-
ten. Bernhard Paul studierte zunächst an der Höheren
Technischen Lehr- und Versuchsanstalt für Hoch- und
Tiefbau im österreichischen Krems. Er wechselte von
dort an die Graphische Lehr- und Versuchsanstalt nach
Wien. Nach seiner Ausbildung wurde er Art-Direktor
der Wochenzeitung „Profil", dem damals wohl renom-
miertesten Nachrichtenmagazin Österreichs. Kaum ein
auch nur einigermaßen auf wirtschaftliche Sicherheit be-
dachter Mensch hätte diesen Job aufgegeben, wenn ihm
nicht ein anderes, lukratives Angebot unterbreitet wor-
den wäre. Doch Bernhard Paul kündigte den Posten, um
einen Zirkus zu gründen. Dies war in einer Zeit, als die
künstlerischen Entwicklungen stagnierten und im Zirkus ständig rückläufige Zuschauerzahlen zu verzeichnen
waren. Von den etablierten Zirkusunternehmern wurde
der Seiteneinsteiger nur belächelt. Heute wird Bernhard
Paul als Retter der Zirkuswelt gefeiert. Auf seine Erfolge
angesprochen antwortete er: „Ich habe das gemacht, was
ich schon immer machen wollte und dabei auf den Zeit-
geist gesetzt, dem Publikum eine Erlebniswelt geboten."

(Kindheits-)Träume ernst nehmen

Bernhard Paul, der spätere Zirkusdirektor, der sich schon
als Junge Rola-Rolas bastelte und jonglierte, ist überzeugt: „Den wahren Lebenstraum entdeckt man schon
früh."

Der in Algerien geborene Yves Saint-Laurent (1936 – 2008) startete seine Karriere im Alter von 17 Jahren. Er prophezeite bereits damals, dass sein Name eines Tages in Leuchtbuchstaben über den Champs-Élysées stehen würde. Er hat es geschafft. 1985 bekam Yves Saint-Laurent sogar den Oscar der größten Modemacher für sein Gesamtwerk verliehen. Ausstellungen von Paris über London, New York, Sankt Petersburg, Sydney usw. häuften sich. Yves Saint-Laurent hat seine Ziele erreicht, weil er seinen Träumen folgte und an seine Möglichkeiten glaubte.

Jimmy Wales las schon als Kind am liebsten Lexika wie die *Britannica* oder die *World Book Encyclopedia*, entschied sich aber für das Studium der Finanzwissenschaften und war mehrere Jahre an der Börse in Chicago als Händler tätig. 1996 gründete er ein eigenes Internetunternehmen. Computer und Internet waren seine große Leidenschaft. 2001 erkannte er die Zeichen der Zeit und erschuf die Online-Enzyklopädie *Wikipedia*, die mittlerweile die fünftpopulärste Website der Welt ist.

Jeder Mensch sollte seine (Kindheits-)Träume ernst nehmen, denn es sind häufig die Dinge, die im eigenen Leben wirklich etwas bedeuten. Victor Hugo sagte: „Ein Traum ist unerlässlich, wenn man die Zukunft gestalten will." Es wird viele Menschen geben, die sich darüber amüsieren, die dir raten, auf dem Boden zu bleiben, nicht abzuheben und keinen unrealistischen Träumen nachzuhängen. Doch wer sich die in seinem tiefsten Innern ersehnten Ziele nicht bewusst macht und sie von vornherein als unrealistisch brandmarkt, verschenkt einen Gutteil seiner individuellen Antriebs- und Lebenskraft. Ein

Höchstmaß an Motivation lässt sich am besten abrufen und aktivieren, wenn wir wirklich anspruchsvolle und attraktive Ziele haben.

Mehr Mut zum Risiko

Ich kenne einige Personen, die mit ihrer privaten und beruflichen Entwicklung unzufrieden sind. Sie jammern, ändern aber nichts an ihrem Dasein. Sie gehören einer Gruppe an, die entweder zu bequem sind, sich aufzuraffen, oder in jeder Entscheidung eher Probleme und Risiken statt Chancen und neue Möglichkeiten sehen.

In einem Interview sagte der Ökonom und Nobelpreisträger für Wirtschaftswissenschaften George Stigler zum Thema Risikobereitschaft: „Ich möchte behaupten, dass mangelnder Mut die häufigste Ursache ist, wenn fähige Leute scheitern. Sie spielen auf Nummer sicher. Sie halten sich an die gängigen Lehrmeinungen und weiten sie ein kleines bißchen aus. [...] Wer will, kann also auf Nummer sicher gehen. Wer aber interessante Innovationen will, muss größere Risiken eingehen. Er muss einen unsicheren Ausgang in Kauf nehmen" (Csikszentmihalyi 1997, 109).

Natürlich setzt jede Entscheidung positive oder negative Abläufe in Gang. Eine falsche Entscheidung zu treffen ist aber weniger schlimm, als unglücklich vor sich hinzudümpeln. Zudem können Korrekturen vorgenommen werden, wenn die Entwicklungen anders verlaufen als angenommen.

Menschen, die mit ihrem jetzigen Leben zufrieden sind, können dieses Buch aus der Hand legen. Es wird ihnen nicht viel bringen. Wer jedoch aus der vorgeschriebenen Rolle oder vorhandenen Unzufriedenheit ausbrechen will, wer ein Prickeln nach „mehr" und Neugierde in sich verspürt, der sollte sich von Menschen, die sich zum Teil selbst erfunden haben, die mutig neue Wege gegangen sind, ruhig ein wenig inspirieren und motivieren lassen.

Nutze die Möglichkeiten, die in dir und in deinem Talent stecken. Nutze deine verborgenen Energien. Dabei möchte ich insbesondere diejenigen ermutigen, am Erfolg teilzunehmen, die schon resignieren oder glauben, den Anschluss verpasst zu haben. Oftmals ist es ein Teufelskreis, den es zu durchbrechen gilt: Je negativer man dabei denkt, desto schneller verpasst man den Anschluss und um so eher neigt man dazu, auf alles ablehnend zu reagieren, sich dabei immer mehr zu verschließen und im Extremfall sogar aufzugeben. Solche Reaktionen sind teilweise sogar verständlich, aber falsch. Statt hinauszuzögern oder gar aufzustecken, muss man das Ruder herumreißen, etwas tun und in sich den Wunsch mobilisieren, am Erfolg teilzuhaben.

Der Weg entsteht erst, wenn man ihn geht. Das heißt nicht, dass man schon zu Beginn ein umfassendes Fachwissen und ausgereifte Ideen haben müsse. Richard Branson war ein miserabler Schüler, er hasste den Unterricht. Grund für seine schlechten Schulnoten war übrigens – wie er später erfuhr – seine Legasthenie. Mit gerade 16 Jahren schmiss er die Schule und beschloss, Unternehmer zu werden. Er gründete eine Zeitschrift, danach einen Versandhandel für Schallplatten, kurz darauf eine Kette von Plattenläden und das Plattenlabel *Virgin Records*. Schnell wurde er zu einem der sechs größten Plattenproduzenten der Welt. Unter dem Namen *Virgin* entstand eine riesige Firmengruppe, zu der unter anderem eine Airline gehört. Umso verblüffender ist, dass Branson lange Zeit, und zwar als er bereits Milliardär war, nicht den Unterschied zwischen Netto- und Bruttoeinkommen verstand.

Nutze deine Ideen und Energien

Eine halbwegs gute Idee, die in die Tat umgesetzt wird, ist besser als eine großartige Idee, die kein konkretes Handeln nach sich zieht. Alle Errungenschaften, die wir in der Welt haben, sind nichts anderes als in die Tat umgesetzte Ideen. Der Unterschied zwischen den Erfolgreichen und weniger Erfolgreichen liegt darin, dass die Erfolgreichen aktiv handeln, positiv denken und die weniger Erfolgreichen passiv bleiben und negativ denken. Sicher ist, dass in jedem gesunden Menschen Potenziale einer erfolgreichen Laufbahn stecken. Jeder muss allerdings für sich selbst entscheiden, ob er diese Chancen annehmen oder in der Warteecke verweilen will, bis es zu spät ist. Menschen, die mit ihrem Job unzufrieden sind und trotzdem nicht gewillt sind, ihre Stärken zu mobilisieren und keine Vorbereitungen für ein neues Engagement treffen, sollten aufhören zu jammern.

Erfolgreiche Menschen haben sich nicht deshalb einen Namen gemacht, weil sie über besonderes Können oder besonderes Wissen verfügten. Sie haben sich einen Namen gemacht, weil sie ihre Vorhaben nicht selbst verzögerten und mehr gewagt haben. Weil sie an sich und ihre Möglichkeiten geglaubt, Aufmerksamkeit erzeugt und niemals aufgegeben haben. Wer mehr aus sich machen und sich von der Masse abheben will, muss auch mehr Engagement zeigen als seine Mitbewerber. Es kommt nicht darauf an, was du bisher gemacht hast und welchen Beruf du ausübst. Es kommt nur darauf an, was du aus dir, deinem Beruf oder deinen Ideen machst. Je öfter du durch unverwechselbare Leistungen und Ideen auf dich aufmerksam machst, desto eher wird man sich an dich erinnern und dein Engagement wahrnehmen.

Die meisten Menschen wünschen sich, erfolgreich zu sein. Der Wunsch allein reicht jedoch nicht aus. Vorhaben dürfen nicht auf die lange Bahn geschoben, sondern müssen unverzüglich und mit aller Konsequenz – mit dem Wissen, zu welchen Gegenleistungen man bereit ist – angegangen werden. Was einen Erfolgsmenschen von weniger erfolgreichen unterscheidet, ist der unumstößliche Wille, sein Ziel zu erreichen. Dabei darf niemals vergessen werden, dass die sich immer schneller verändernde Welt, die alle Sparten betrifft, unentwegt neue Strategien verlangt. In der Geschwindigkeit liegt aber auch großes, Erfolg versprechendes Potenzial. Erfolge werden nur diejenigen haben, die sich ständig auf neue Herausforderungen einlassen und ihr bisheriges, weniger erfolgreiches Leben ohne Rückzug hinter sich lassen. Wenn du überzeugt bist, eine gute Idee zu haben, dann sollte diese unverzüglich umgesetzt werden. Rückschläge oder Misserfolge, die sich mit Sicherheit einstellen werden, müssen Anlass zum erneuten Durchstarten sein.

Alle erfolgreichen Menschen werden dir auch sagen, dass sie ihre Erfolge nicht alleine geschaffen haben. Dass sie die richtigen Menschen – Familie, Arbeitgeber, Kollegen, Freunde und Bekannte – hatten, mit denen sie im Gedankenaustausch standen und die sie nach vorne brachten. Menschen, die sie mochten, denen sie vertrauen konnten und die ihre Erfolgschancen förderten. Ohne diese Unterstützungen hätte auch mein Weg nicht so positiv verlaufen können, wie er verlaufen ist.

Hochgefühle sind die stärksten Motivationen

Gehen wir völlig in einer Tätigkeit auf – es muss eine Tätigkeit sein, die ganz unserem Wesen entspricht, die wir leidenschaftlich und gern machen –, kommt es zu einem Zustand, den der US-amerikanische Psychologieprofessor Mihaly Csikszentmihalyi als „Flow" (Fließen) bezeichnet. In zwanzigjähriger Forschung befragte der Professor mit dem fast unaussprechlichen Namen Hunderte Kreative aus den verschiedensten Berufen (Manager, Naturwissenschaftler, Künstler, Musiker etc.) zu ihrer Arbeitsweise und ihren Lebensgewohnheiten. So kam er dem Geheimnis der Kreativität auf die Spur. All diesen Menschen war gemeinsam, dass sie während ihrer Arbeit über weite Strecken ein intensives Hochgefühl erlebten.

So zitiert Csikszentmihalyi einen Tänzer, der über sein Empfinden während eines gelungenen Auftritts sagt: „Deine Konzentration ist vollständig. Deine Gedanken wandern nicht herum, du denkst an nichts anderes: Du bist total in deinem Tun absorbiert. In deinem Körper hast du ein gutes Gefühl. Du bemerkst nicht die geringste Steifheit. Der Körper ist überall wach. Kein Bereich, wo du dich blockiert oder steif fühltest. Deine Energie fließt sehr leicht. Du fühlst dich entspannt, angenehm und energievoll" (Csikzentmihalyi 2005, 63). Eine Komponistin beschreibt ihren gelungenen Arbeitstag so: „Wenn ich einmal in Schwung komme, bin ich der Umwelt gegenüber wirklich ziemlich gleichgültig. Ich glaube, das Telefon könnte Sturm läuten und die Hausglocke dazu, das Haus könnte abbrennen oder etwas Ähnliches passieren. Wenn ich mit meiner Arbeit anfange, schließe ich den Rest der Welt richtiggehend aus. Wenn ich aufhöre, kann ich den Rest der Welt wieder hereinlassen" (Csikzentmihalyi 2005, 65).

Der Psychologe bezeichnet dieses tranceartige Hochgefühl als „Flow" (Fließen). Wer sich im Zustand des *Flow* befindet, geht völlig in seiner Tätigkeit auf. Er ist derart konzentriert und versunken, dass er vorübergehend nicht nur Zeit und Raum vergisst, sondern auch sich selbst. In diesem Zustand stellt sich ein Gefühl spontaner Freude und großer Zufriedenheit ein.

Flow stellt sich immer dann ein, wenn uns eine Arbeit Spaß macht und sie unserem natürlichen Talent entspricht. Und Erfolg hat viel damit zu tun, wie viel *Flow* wir bei unserer Tätigkeit erleben. Höchstleistungen und herausragende Erfolge werden im Flow erreicht. Wer *Flow* lebt, gibt sich hin, öffnet seinen Geist, ist verspielt, braucht allerdings ein positives Umfeld mit verständnisvollen Menschen, die ihn nicht ständig kritisieren und ihm mit ihrem Skeptizismus die Energien rauben, denn er überschreitet ständig Grenzen und das macht ihn besonders sensibel und verletzbar.

Um in den Zustand des *Flows*, dieser hochgradigen Konzentriertheit und Verschmelzung mit der Aufgabe zu kommen, muss man allerdings aktiv werden und die Disziplin aufbringen anzufangen. *Flow* ereignet sich nicht bei einem guten Essen oder im gemütlichen Fernsehsessel. Csikszentmihalyi schreibt dazu: „Am besten scheinen sich die Menschen zu konzentrieren, wenn sie ein bisschen stärker als gewöhnlich gefordert werden und wenn sie mehr als gewöhnlich geben können. Werden sie zu wenig gefordert, langweilen sie sich, sind sie den Anforderungen nicht gewachsen, werden sie ängstlich. Das Fließen ereignet sich in dem heiklen Bereich zwischen Langeweile und Angst" (zit. in Goleman 1995, 121).

Erfolg ist altersunabhängig

Menschen, die sich hinter ihrer Jugend oder ihrem Alter verstecken, suchen ein Alibi für ihre mangelnden Aktivitäten. Menschen, die sich am Leben erfreuen und aktiv handeln, können mit 70 Jahren jung, Menschen ohne Ideen und ohne Energien mit 17 Jahren alt sein. Der US-Amerikaner Steve Jobs gründete 1976 im Alter von 21 Jahren, zusammen mit Steve Wozniak, den Computerhersteller Apple. Die beiden verkauften damals den ersten Personal Computer, einen Rechner, der nicht mehr wie zuvor eine halbe Garage ausfüllte, sondern problemlos auf dem Schreibtisch Platz fand. Mit 23 wurde Jobs Millionär.

Julia Child, eine berühmte Kochbuchautorin und Erfinderin US-amerikanischer Fernsehkochshows, die die US-amerikanische Esskultur revolutionierte, arbeitete zunächst im Werbegeschäft und für den Nachrichtendienst der US-Regierung, bevor sie ihre wahre Leidenschaft entdeckte. In Paris, wo sie zusammen mit ihrem Mann, einem US-Diplomaten lebte, begeisterte sie sich für die französische Küche und belegte einen Kochkurs. Im Alter von fast 50 Jahren schrieb sie *Mastering of French Cooking*, ein Kochbuch, mit dem sie ihren Landsleuten die französische Küche näherbringen wollte. Und damit begann ihre unglaubliche Karriere.

Albert Huber ging im Alter von 22 Jahren nach Südafrika. Im Alter von 60 Jahren kehrte er mit seiner Frau Monika nach München zurück. Schnell registrierten sie, dass ihre Ersparnisse für ein Leben in München nicht ausreichten. Denn die südafrikanische Währung hatte kaum Wert und die Ausfuhr von Devisen war von der südafrikanischen Regierung nicht gestattet. Sie überlegten sich, wo es sich preisgünstig und gut leben lässt. Ihre Wahl fiel auf das Burgenland. Im Alter von 65 Jahren erwarben sie ein nicht mehr benutztes, heruntergekommenes Kellerstöckl und bauten es zu einer Ferienwohnung um, die sie vermieteten. Es folgte der Kauf eines Weinberges, den sie, nachdem sie sich die dafür erforderlichen Kenntnisse angeeignet hatten, selbst bewirtschafteten. Dann kauften sie drei weitere Kellerstöckl, die sie ebenfalls in Eigenregie umbauten und vermieteten. Monika Huber: „Hätten wir damals nicht so gehandelt, wie wir gehandelt haben und – in relativ hohem Alter – nicht die Initiative zur Selbstständigkeit ergriffen, dann wären wir heute Sozialfälle."

Stararchitekt Oscar Niemeyer, Rio de Janeiro, gehörte im Alter von über 100 Jahren mit einem Arbeitstag von 10 Stunden zu den gefragtesten modernen Architekten der Welt.

Grandma Moses, eine der berühmtesten autodidaktischen Künstlerinnen des 20. Jahrhunderts, war 75 Jahre alt, als sie mit dem Malen begann. Mit 79 Jahren nahm sie zum ersten Mal an einer Ausstellung teil: Drei ihrer Bilder wurden im Museum of Modern Art gezeigt. Bei ihrer ersten Einzelausstellung ein Jahr später war sie 80 Jahre alt.

Inge Mundt, Rodenkirchen, war über 55 Jahre im Beschäftigungsverhältnis, bevor sie quasi im Rentenalter ihre Unabhängigkeit und ihr Talent als Hutmacherin entdeckte. Dass der Erfolg dazu führte, dass der Küchentisch zum Modeliertisch und das Wohnzimmer zum Atelier wurde, hat sie gerne in Kauf genommen.

Nicht können heißt nicht wollen

Wer sagt, das will ich, der kann es auch. Es liegt an jedem Einzelnen, ob er so lange in der Warteecke verweilen will, bis ihn die Zeit überrollt hat, oder ob er bereit ist zu handeln. Wer sich für die Bequemlichkeit entscheidet, sollte nicht andere dafür verantwortlich machen oder Engagierten den Erfolg neiden. Wer mehr aus sich machen, mehr verdienen und höheres Ansehen genießen will, muss Vorleistungen erbringen. Menschen, die das Besondere wollen, sind immer in Bewegung. Statt sich treiben zu lassen, peilen sie Ziele an. Ich kenne niemanden, der Erfolge oder einen Neuanfang im geistigen Ruhestand erreicht hat. Wer sagt, ich kann nicht und bereits beim ersten misslungenen Versuch aufgibt, der will nicht.

Eigeninitiative heißt, sich immer wieder zu ermutigen, neue Ziele anzugehen, persönliche Entwicklungen in die eigenen Hände zu nehmen, Anregungen aufzugreifen und Ideen zu realisieren. Für jedes Vorhaben ist Eigeninitiative gefragt, schöpferische Kräfte neu zu mobilisieren und die banalsten Dinge immer wieder neu zu sehen und genauso überraschend neu darzustellen.

Lass niemals den Gedanken aufkommen, dass dein Vorhaben scheitern könnte. Und hüte dich vor Menschen, die Weltrekorde im Dauerjammern aufstellen, die alles negativ sehen, mit sich, ihrer Umwelt, ihrem Arbeitsplatz, ihren Arbeitszeiten, Verdienstmöglichkeiten usw. unzufrieden sind und sich ständig darüber beklagen. Ihr Anliegen ist es, dass auch du auf ihre Linie einschwenkst. Menschen dieser Art neiden den Erfolg und werden sich niemals aus ihrem Jammertal befreien.
Menschen, die Erfolge neiden, werden für ihr gesamtes Umfeld zum Problem. Ihr Neid trifft Menschen, die denselben Beruf ausüben, oder aus dem Freundes- und Bekanntenkreis mehr Erfolg verbuchen können als sie selbst. Neider können alles besser, wissen alles besser, sind misstrauisch, mit sich und der Welt unzufrieden und stellen sich so selbst ins Abseits. Statt Erfolge zu neiden, muss man versuchen, von Erfolgreichen zu profitieren. Dass dies nur geschehen kann, wenn man mit offener Sympathiebezeugung auf sie zugeht, versteht sich von selbst.

Auch in dir steckt ein Macher

Es steht außer Frage, dass auch in dir ein Macher steckt. Denke nicht zu kompliziert und hoffe nicht auf Patentrezepte, die es nicht gibt. Setze voll und ganz auf deine individuellen Eigenschaften und schiebe Vorhaben nicht auf.

Peter Lindbergh, 1944 im Osten Deutschlands geboren, lernte Dekorateur und arbeitete in diesem Job, bevor er Abendkurse im Zeichnen an der Hochschule für Bildende Kunst in Berlin belegte. Er studierte in Krefeld an der Werkkunstschule Gebrauchsgrafik und Design. Im Alter von 29 Jahren nahm er zum ersten Mal eine Kamera in die Hand und entschied sich spontan für eine zweijährige Fotografenlehre. Peter Lindbergh gehörte zu den teuersten und meistbeschäftigten Fotografen der Welt. Er gehörte zu den Machern, die sich selbst erschaffen haben.

Die Fotokarriere von Heribert Brehm, Paris, mit dem ich diverse Projekte realisierte, begann mit einer einfachen Kamera. Die ersten Beauty-Aufnahmen entstanden in einer Garage. Heute zählt der Autodidakt zu den Großen seiner Zunft.

Greg Gorman lieh sich als 19-Jähriger eine Kamera und fotografierte Jimi Hendrix bei einem Konzert. Die Bilder waren unscharf, aber die Fotografie ließ ihn nie mehr los. Seit fünf Jahrzehnten arbeitet er nun mit großen Stars wie Elisabeth Taylor oder David Bowie. Nach dem Fotojournalismus zog er nach Hollywood und arbeitete mit Frank Zappa, Al Pacino, Grace Jones, Sophia Loren.

Beispiele dieser Art zeigen, dass heute bekannten Persönlichkeiten, egal in welchen Branchen, der Erfolg nicht in die Wiege gelegt wurde oder dass sie vom Glück besonders begünstigt wurden. Sie haben sich zum Teil selbst erschaffen.

Mache Unmögliches möglich

Sicher ist der Flexibilitätsanspruch, gemessen an früheren Jahren, gewachsen. Doch auch in früheren Jahren musste am Erfolg gearbeitet werden. Die Unterschiede von heute zu gestern liegen eher darin, dass man in früheren Jahren Unmögliches möglich gemacht hat. Ich kann mich täuschen, aber ich habe den Eindruck, dass damals weniger Ansprüche gestellt wurden. Es wurde nicht von der Zuschauertribüne aus gemeckert, auf eine Umverteilung des vorhandenen Wohlstandes, eine baldige Erbschaft oder auf Wunder gehofft. Es wurde gehandelt, das Weiterkommen in die eigenen Hände genommen. Damit möchte ich nicht belehren. Es soll vielmehr eine Motivation sein, die eigenen Möglichkeiten auszuloten und in vollem Umfang zu nutzen. Es soll eine Motivation sein, Herausforderungen anzunehmen, das vorhandene Potenzial voll auszuschöpfen, sich durch nichts und niemanden beirren zu lassen und ein Stück vom Glück zu nehmen.

Vergiss, was gestern war. Gehe neue Herausforderungen an, wenn dir danach ist und lass dir von niemandem einreden, dass du dazu nicht in der Lage bist. Du bist in der Lage, alle deine Ziele umzusetzen, wenn du mit einem richtigen Konzept und festem Willen startest. Dass das

so wenige tun, liegt schlicht und einfach am Selbstbewusstsein, das den meisten Menschen nicht in die Wiege
gelegt wurde und das sie sich mühsam und langsam er-
arbeiten müssen. Es ist kein „Wunder", dass die Erfolgreichen oft auch die Selbstbewussten sind.

Mit einer kleinen Zeitungsannonce hat Herr Schmitz,
Overath, seine Dienste zum Rasenmähen angeboten. Er
erzählte mir, da ich einer seiner ersten Kunden war, dass
er seinen Job als Lagerist aus gesundheitlichen Gründen
aufgeben musste und nun ein neues Aufgabengebiet mit
Arbeiten an der frischen Luft sucht. Nach weniger als
einem Jahr hat er ein kleines Unternehmen für Gartenge-
staltungen aller Art aufgebaut und beschäftigt bis zu fünf
Mitarbeiter. Mit wenig Spektakulärem kann man Groß-
artiges leisten, Marktnischen für sich erobern und unabhängig sein. Herr Schmitz hatte nichts Neues erfunden.
Er hat das gewählt, was seinen persönlichen Fähigkeiten
entspricht.

Jeder Mensch sollte von Zeit zu Zeit über seine Zu-
kunftsplanung nachdenken. Sich die Frage stellen, wie
sieht meine Branche oder mein Arbeitsplatz in Zukunft
aus. Je mehr Gewohntes immer wieder neu gesehen,
eingefahrene Strukturen, Abläufe und „Spielregeln" zur
Diskussion gestellt und Dinge in Bewegung gesetzt werden, die man vorher noch nie gemacht hat, umso aufre-
gender, gegebenenfalls auch zukunftssicherer, kann ein
Leben gestaltet werden.

Heide Morawetz, Kostüm- und Bühnenbildnerin, wurde
vom Starfotografen Guy Bourdin motiviert, für eine er-
krankte Visagistin einzuspringen. Heide Morawetz, die

vorher noch nie als Visagistin gearbeitet hat, nahm diesen Fingerzeig auf. In der Folge wurde sie Chef-Maquillage des Hauses Chanel weltweit. Wer sagt, das werde ich schaffen, der wird es schaffen. Und nur wer selbst initiativ wird, kann auf die Hilfe anderer hoffen, ohne in Abhängigkeit zu geraten.

Für Martin Menz, Gründer und Visionär, aufgewachsen in Halle im Osten Deutschlands, gründete mit 20 Jahren aus finanziellen Motiven die Firma Relaxdays. Als Schüler tat er sich schwer mit Lesen und Schreiben, so bekam er auch keine Empfehlungen für das Gymnasium. Er ging trotzdem hin, startete zwar mit schlechten Noten, aber lernte mehr als Andere, die alles leichter kapierten. So schaffte er sein Abitur mit einer stolzen 2,3. Auf einem Spaziergang in Wittenberg an der Elbe erklärte er seinen Eltern, dass er sich entschlossen habe, Millionär zu werden. Er lieh sich von seinem Bruder für den Start 2000 Euro. Sein erstes Produkt war ein Kopfmassagegerät, das er bei eBay verkaufte. Mit 2.229 Artikeln und 300 Mitarbeitern wird er heute zur Konkurrenz von amazon.

Als Sara Nuru aus Erding – Tochter äthiopischer Einwanderer – mit 19 Jahren die Castingshow Germanys Next Topmodell gewinnt, steht sie plötzlich im Scheinwerferlicht. Mit diesem Erfolg wollte sie sich aber nicht zufriedengeben. Sie wollte ihre Wurzeln ergründen. Deshalb reiste sie zusammen mit ihrer Schwester Sali Ende 2015 nach Äthiopien. Sie lernte alles über den Anbau und die Aufbereitung von Kaffee und gründete die Firma nuru coffee. Ihr Ziel war es, die Menschen Äthiopiens zu unterstützen, ihnen Mikrokredite einzuräumen und ihnen so die Chance eines selbstbestimmten Lebens zu geben. Sara Nuru ist heute Unternehmerin und Autorin. Darüber hinaus hat das Bundesministerium für wirtschaftliche Zusammenarbeit und Entwicklung sie zur Botschafterin für fairen Handel ernannt.

Alles, was man macht und unternimmt, kann zu etwas Positivem führen. Alles, was man nicht macht, führt zu nichts!

Weiterentwicklung ist ein Muss

Richtig erfolgreich kann man nur werden, wenn man immer wieder versucht, besser zu werden. Lebenslanges Engagement, was schon in früheren Jahren die Voraussetzung für Erfolg war, wird deshalb immer wichtiger. Egal, welche Schulbildung und fachliche Ausbildung du hast, baue sie kontinuierlich aus. Investiere in geistige und fachliche Weiterbildungen. Lass deine unternehmerischen Interessen und Eignungen von Profis überprüfen. Lerne von Spezialisten und werde selbst zum Spezialisten.

Weiterbildungen sind keine verlorene Zeit, sondern unbedingt notwendig, um Neuentwicklungen zu sehen und eigene Fähigkeiten und neue Möglichkeiten zu entdecken. Denn was gestern noch erfolgreich war, kann bereits morgen überholt sein. Zudem sind Erfahrungen von gestern nicht automatisch die Problemlöser von heute. Menschen, die nicht bereit sind, flexibel auf neue Herausforderungen zu reagieren, und nicht bereit sind, für

Weiterbildung ein wenig Zeit zu investieren, dürfen weiterhin vom Erfolg träumen. Einstellen wird er sich nicht.

Wer Ansprüche an seine persönlichen, beruflichen oder künftigen Herausforderungen stellt und zukunftsorientiert denkt, muss immer wieder neue Ideen und Wege ausloten, neugierig bleiben, mit ausgefahrener Antenne durchs Leben gehen und alles um sich herum aufnehmen. Tut er das nicht, wird er zwangsläufig überholt und letztendlich auf der Strecke bleiben. Wer seine Neugier aufrechterhält, und zwar nicht nur in Bezug auf sein Produkt bzw. seine Leistung, sondern auch in Bezug auf seine Kunden und Konkurrenten, wird zu den Gewinnern gehören. Das Produkt bzw. die Leistung muss detailliert und immer auf dem neuesten Stand studiert werden und bekannt sein. Kritiken und Testberichte müssen ernst genommen werden und Anlass zur Überarbeitung und Erneuerung geben. Neue Strömungen und Trends, auch was die Zielgruppe und Konkurrenten betrifft, sind unbedingt zu beachten.

Manchmal ist es sogar notwendig, sich von eingefahrenen Gedanken, Ideen und Verhaltensweisen zu verabschieden, neu anzufangen. Ein bekannter Schriftsteller hat einmal gesagt, man müsse sich beim Schreiben von dem, was man liebt, trennen können. Erst dann könne man wirklich schreiben.

Der berühmte Jazztrompeter Till Brönner hatte bereits zehn Jahre Trompete gespielt, als er feststellen musste, dass er nicht weiterkam. Je mehr er übte, umso schlechter spielte er. Er dachte bereits daran, seine Karriere zu beenden. Da machte ihn ein Musiklehrer, der auf Trompete spezialisiert war, darauf aufmerksam, dass er sich eine falsche Blastechnik erlernt hatte. „Er hat gesagt, ich sei wie ein Junkie, der sich an das Falsche gewöhnt hat. Das Gehirn arbeitet so, dass es sich die Position, die man eingeübt hat, immer merkt und sagt, hier fühlt es sich richtig an. Auch wenn es völlig falsch ist. Professor Burba sagte, ich müsse die Atmung kontrollieren, die Zunge, die Muskeln trainieren, die Binnenspannung der Lippen. [...] Er sagte zu mir: ›Wir üben das jetzt ein Jahr, dann kommt der Moment, wo du deinen Ansatz umstellst.‹ Das war die härteste Zeit meines Lebens. Ich wusste nicht, ob ich es schaffen würde. [...] Ja, der Mann hat recht behalten, und ich bin seitdem konstant mit jedem Tag, an dem ich geübt habe, besser geworden. Ich musste aber wieder bei null anfangen, das Trompetenspielen auf eine Art völlig neu erlernen." (Til Brönner in ZEIT-Magazin vom 4.11.2010)

Til Brönner war an einem Punkt angelangt, wo er nicht weiterkam und aufgeben wollte. Viele hätten schon an diesem Punkt aufgegeben, spätestens danach. Denn als er einen neuen Lehrer fand und sich mühsam umorientierte, gab er zu, das sei die härteste Zeit seines Lebens gewesen. Der Managementtrainer George Leonard, den ich schon erwähnte, macht in seinem Buch *Der längere Atem* genau darauf aufmerksam, dass der Lern- und Übungsprozess, der immer als lebenslanger betrachtet werden müsse (Der wahre Meister kommt nie an!), in Schüben und mit Rückschlägen verlaufen wird. Und gerade der Augenblick der Entscheidung trete immer dann ein, wenn es ums Lernen, um Entwicklung und Veränderung gehe. Dennoch sei dieser mitunter mühsamere Weg aber auch der spannendere. Leonhard schreibt weiter:

„Wenn man beginnt, eine neue Fertigkeit zu erlernen, muss man zunächst darüber nachdenken und sich bemühen, alte Gefühls-, Bewegungs- und Wahrnehmungsmuster durch neue zu ersetzen" (Leonard 2006, 31). Und an anderer Stelle heißt es: „Letzten Endes bringt das Erlernen einer jeden Fertigkeit ein gewisses Maß an Demütigungen mit sich. Ihre ersten Kopfsprünge werden wahrscheinlich Bauchplatscher werden und die Aufmerksamkeit anderer erregen. Sind Sie bereit, das zu akzeptieren? Wenn nicht, sollten Sie das Turmspringen aufgeben. Das Porträt, das Sie in der ersten Stunde Ihres Kunstunterrichts zeichneten, sah vermutlich mehr einem Ottifanten ähnlich als der Mona Lisa. Hätten Sie deshalb das Malen aufgeben sollen? Und wie steht es mit den zitternden Knien bei den ersten Eislaufversuchen? Und mit dem Sturz auf das Eis mit dem Hintern vorneweg? Niederlagen dieser Art gibt es nicht nur bei Anfängern, sie geschehen sogar bei der Olympiade. Wenn Sie es zu etwas bringen wollen, sollten Sie diese Tatsache akzeptieren" (Leonard 2006, 80). An einer späteren Stelle ergänzt er: „Es kommt eine Zeit, da es notwendig wird, bestimmte hart erarbeitete Fähigkeiten aufzugeben, um die nächste Stufe zu erklimmen. Das trifft besonders dann zu, wenn man sich mit seinen Fähigkeiten auf einer äußerst vertrauten und angenehmen Ebene befindet. [...] Wenn Sie im Golf einen Durchschnitt von neunzig hatten und ihn auf achtzig oder siebzig verringern möchten, kann es sein, dass Sie selbst die Neunzig eine Zeit lang aufgeben müssen. Es ist möglich, dass Sie Ihre Technik völlig auseinandernehmen müssen, bevor Sie sie wieder neu zusammenfügen müssen. Das trifft auf beinahe jede Fertigkeit zu" (Leonard 2006, 83).

Menschen können ein Leben lang lernen, betont Psychologin Ursula Staudinger von der Jacobs University Bremen. Die geistige Beweglichkeit nimmt im Alter zwar ab, allerdings nicht so stark wie lange angenommen. Eine der bahnbrechendsten Erkenntnisse der modernen Neurologie ist, dass die Neubildung von Neuronen (Neurogenese) bei entsprechender Aktivierung noch bis ins Greisenalter möglich ist.

Der größte Feind unserer Zeit ist das Nichtstun

Hiroshi Kitamura, Beverly Hills, schreibt in seinem Buch *When the others are sleeping* (1985), dass er sich bereits als Mittel- und Langstreckenläufer im Gymnasium konditionell fordern musste, um als Schmalster in der Klasse überhaupt eine Wettbewerbschance zu haben. Um dieses Manko auszugleichen, hatte er sich entschieden, härter als andere zu arbeiten. Das bedeutete für ihn, eher als andere aufzustehen und später als andere ins Bett zu gehen. Er schreibt: „Wenn die anderen schlafen, arbeiten die Gewinner bereits. Wenn du jeden Tag auch nur eine Stunde länger an dir arbeitest als deine Konkurrenten, hast du am Ende des Jahres 365 Stunden mehr Erfahrung. Dieser Mehraufwand bringt dir eine große Chance, den Wettbewerb als Gewinner zu verlassen."

Bill Clinton sagte in seiner Amtszeit als US-Präsident in einer seiner traditionellen Reden zur Lage der Nation: „Der größte Feind unserer Zeit ist das Nichtstun." Wie recht er hat! Erfolg ist mehr als nur Glück!
Als Bill Clinton in einer Studentengruppe dem damaligen US-Präsident J. F. Kennedy im Garten des Weißen

Hauses vorgestellt wurde und ihm die Hand geben durfte, ist in ihm der Ehrgeiz entbrannt, ebenfalls Präsident
der Vereinigten Staaten von Amerika zu werden. Und er
ist es geworden.

Coco Chanel hat schon gesagt: „Es ärgert mich, wenn
ich hören muss, ich hätte eben Glück gehabt. Niemand
hat nur Glück und niemand hat härter gearbeitet als
ich. Die Legendenerfinder sind Faulpelze: Wären sie es
nicht, würden sie den Dingen ja auf den Grund gehen,
anstatt sie zu erfinden. Die Vorstellung, man könne das,
was ich aufgebaut habe, schaffen, ohne zu arbeiten, nur
mit einem Zaubertrick, indem man Aladins Wunderlam-
pe reibt und einen Wunsch formuliert, ist ja wohl reine
Fantasie." Recht hat sie.

Dr. Dirk Jung wollte ein Karatetraining absolvieren mit
dem Ziel, Weltmeister in dieser Sportart zu werden. Die
Enttäuschung war zunächst riesengroß, als man ihm
nach vier Wochen mitteilte, dass er sich in einem Taek-
wondo- und nicht in einem Karatekurs befand. Da er
aber bereits unterschrieben hatte und das Training Spaß
machte, ist er dabei geblieben. So wurde er eben in der
Sportart Taekwondo mehrfacher deutscher Meister, Eu-
ropameister und Weltmeister. Parallel zum Training und
zu seinem damaligen Beruf Industriekaufmann holte er
das Abitur nach und studierte Medizin. Dr. Dirk Jung:
„Alles ist möglich – selbst fünf Stunden täglicher Schlaf
reichen aus –, wenn du eine Vision und einen Traum
vor Augen hast. Wer nicht diesen alles überragenden
Wunsch in sich trägt, einmal ganz groß zu werden und
irgendwann Champ zu sein, der wird es nie schaffen."
Die Vision, die er im Sport hatte, hatte er auch beruflich.
Den Wunsch, eigener Chef in einer eigenen Praxis zu
sein, hatte er ebenso realisiert.

Kennzeichen erfolgreicher Menschen

- Sie verlassen ausgetretene Pfade und haben den Mut, Neuland zu betreten.

- Sie verstehen es, sich aus der schlummernden Masse zu lösen und neue Marktnischen für sich zu besetzen.

- Sie sind ständig aktiv. Das Erreichte von heute betrachten sie als Anfang von morgen.

- Sie reden nicht von Erfolgen, sie arbeiten daran.

- Sie nutzen Aus- und Weiterbildung für ihre persönliche und berufliche Entwicklung.

- Sie öffnen Augen und Ohren, um von der Welt zu lernen.

- Sie machen lieber Fehler, als Entscheidungen vor sich herzuschieben.

- Sie inszenieren ständig Neues.

- Sie sind keine Anpasser und Mitschwimmer, sondern Gipfelstürmer. Sie gehen instinktiv ihren eigenen Weg.

- Sie fordern von sich nie 90 Prozent, sondern immer 100 Prozent. Erst wenn sie sich 100 Prozent abverlangt haben, fühlen sie sich gut.

- Sie sind immer in Siegerstimmung. Ein „Unmöglich" kommt ihnen nicht in den Sinn.

- Sie wollen das Beste aus ihren Möglichkeiten machen und ihre Chancen nutzen.

- Sie sind auf der Suche nach Lösungen. Sie fangen da an, wo andere aufhören.

- Sie bestimmen sich selbst zum Siegen. Durch Niederlagen werden sie nicht demoralisiert, sondern zu neuen Aktivitäten und zum Bessermachen motiviert.

- Sie sind energiegeladen, denken immer positiv und vergessen nie, ihren Kreativ-Akku zur richtigen Zeit neu aufzuladen.

- Sie haben selbst in der Nacht die Antenne ausgefahren. Anregungen werden von ihnen aufgenommen und im eigenen Stile umgesetzt.

- Sie gehen niemals unsicher, sondern immer siegessicher an ihre Vorhaben.

- Sie zeigen ihren Mitmenschen Zuneigung und Wertschätzung.

- Sie schauen niemals zurück, sondern immer nach vorne.

- Sie haben Vertrauen zu sich selbst und in die Zukunft.

- Sie sind freundlich, höflich, zuvorkommend, zeigen Emotionen und setzen ihre Leistungen rational um.

- Sie sind ehrgeizig, zielstrebig, erfolgshungrig und neugierig.

- Sie setzen auf Leistung. Alle Erneuerungen werden von ihnen aufgesogen.

- Sie kennen ihre Schwächen und nutzen ihre Stärken.

- Sie wissen, dass ihre Erfolge von der eigenen Qualität abhängen. Entsprechend fordern sie sich.

- Sie haben den Mut, weniger erfolgreiche Strategien über Bord zu werfen.

- Sie versuchen, durch Persönlichkeit und Kompetenz zu überzeugen.

- Sie setzen auf Zuverlässigkeit, Fleiß und Ausdauer. Sie wissen, dass Talent alleine nicht ausreicht.

WER SEINEN BULLSHITJOB VERLASSEN MÖCHTE UND UNTERNEHMERISCHE AMBITIONEN ZEIGT,

sollte
insbesondere im Dienstleistungsberuf
noch folgende Seiten beachten
und
im Auge behalten!

Zeige Engagement

• Mache, was du liebst, kannst und schon immer machen
wolltest!
• Lass dir nicht einreden, dass du für dies oder jenes
nicht geeignet bist. Du kannst alles, was du willst und
du schaffst alles, was du willst!
• Höre auf deine Familie, Freunde, Experten, aber ins-
besondere auf deinen Kopf und dein Bauchgefühl!
• Beschäftige dich mit Location, Ambiente und Kosten-
rahmen, die zu deinem Vorhaben passen!
• Denke darüber nach, womit und mit welchen Leistun-
gen du dich von deinen Mitbewerbern unterscheiden
und ein Alleinmerkmal schaffen kannst!
• Formuliere dein Konzept schriftlich und scheue dich
nicht, Korrekturen vorzunehmen!
• Lass dich von kleineren Durchhängern oder
Rückschlägen nicht entmutigen!
• Gleiche Defizite mit Seminaren aus!
• Ziehe dir keine Schuhe an, die dir nicht passen!

- Prüfe deine Kapitaldecke und Finanzierungsmöglichkeiten. Mach dein Vorhaben nicht (nur) davon abhängig!
- Bleib positiv, offen, neugierig und interessiert!
- Nutze alle Chancen und Möglichkeiten, die dir dein Beruf bietet!
- Implantiere Ehrlichkeit, Zuverlässigkeit und Freundlichkeit in dein Vorhaben und in dein Team!
- Halte dich an folgende unternehmerischen Grundregeln, die dich personell, leistungs- und servicebezogen immer wieder herausfordern und einholen werden und korrigiere und ergänze sie individuell!

Ein Unternehmen zu gründen ist eine spannende und – wenn alle Register gezogen werden – eine lohnende Herausforderung. Als Unternehmer muss man auch wissen, dass dieser Schritt Eigeninitiative und Engagement verlangt und nicht mit weniger, sondern mit mehr Arbeit verbunden ist. Es muss für das Unternehmen und für die Mitarbeiter vorausgedacht werden. Die Marktentwicklungen müssen im Auge behalten, es muss kontinuierlich koordiniert geplant und optimierend gehandelt werden. Beim Aufbau eines Unternehmens muss man mit Höhen und Tiefen fertig werden. Über ständig stattfindende Kontrollen und mit Leistungen, die nicht austauschbar sind, muss dafür gesorgt werden, dass sich keine Mittelmäßigkeiten einschleichen.

Großgastronom Michael Käfer (Feinkost Käfer, München) sagte in einem Interview: „Ich versuche immer, die Veranstaltung aus dem Blickwinkel des Kunden zu sehen. Also setze ich mich vorher an den Tisch und schaue, was er sieht und spürt. [...] Einmal hab ich mich hingesetzt, und es war total ungemütlich. Da war das Holz der Stühle gefroren. Sie hatten eine Nacht lang draußen in der Kälte gestanden. Ich hab meinen Mitarbeitern gesagt: Schnell, holt alle Föhne, die ihr kriegen könnt! Und dann haben wir die Stühle geföhnt. Die haben mich für verrückt erklärt, aber wir haben es hingekriegt. Seitdem wissen alle, der Käfer kontrolliert sogar die Stuhltemperatur" (SZ vom 3.7.2009).

In meinem Einzugsgebiet liegt ein Lokal, dass ich hin und wieder auch und insbesondere wegen des schönen Biergartens aufsuchte. Aber mir fiel auf, dass die ca. zehn Tische und 40 Sitzplätze immer nur halb besetzt waren. Dann gab es im April/Mai 2020 mitten in der Coronazeit einen Pächterwechsel. Garten und Terrasse sind nun mit 50 Tischen und 200 Sitzplätzen fast ununterbrochen besetzt. Ohne Reservierung ist es schwer, einen Platz zu bekommen. Der Service, das geschulte Personal, die Professionalität des Betreibers, der ständig anwesend ist, und die Leistungen sind von einer Qualität, die die (fast) normalen Preise weit übertrifft. Wer dieses Restaurant besucht, verlässt es am Ende bei vollster Zufriedenheit. So gehen für die Familie Russoniello (Betreiber des Restaurants) Leistung und Service, die glücklich machen.

Wer sich aus der Masse abheben will, muss auch mehr Engagement zeigen als seine Mitbewerber. Je mehr du dein Unternehmen aus dem Blickwinkel des Kunden betrachtest und je öfter du durch unverwechselbare Leistungen und Ideen auf dich aufmerksam machst, desto eher wird man sich an dich erinnern und dein Engagement wahrnehmen.

Annemarie Heyl hat mit zwei Freunden Kale & Me gegründet – ein Start-up, das hochwertige Säfte ohne Zusatzstoffe vertreibt. Nach ihrem MBA-Abschluss zog sie von Leipzig nach Hamburg wegen der guten Obst- und Gemüseanbaugebiete im Umland und der Nähe zum Hamburger Hafen. Und sie nahm dafür einiges in Kauf: Monatelang schlief sie in der Küche eines Freundes, lebte von 250 bis 300 Euro im Monat, die sie sich als Kellnerin dazuverdiente. Sie sagt: „Es hat sich ausgezahlt." Und das nicht nur, weil ihr Laden inzwischen eine Erfolgsgeschichte ist. Auch weil sie ihre Arbeit – mit Arbeitstagen von zehn bis elf Stunden – wahnsinnig spannend findet.

Mach dir einen Namen

Sorge dafür, dass dein Name zum Markenzeichen wird. Dass du einen höheren Bekanntheitsgrad als deine Mitbewerber erlangst. Gehe über deine Grenzen und versuche Dinge zu machen, die dir selbst unheimlich vorkommen. Arbeite daran, dass dein Unternehmen die Nummer eins in deiner Stadt und über die Grenzen dieser hinaus bekannt wird. Je öfter du durch unauswechselbare Leistungen und Ideen auf dich aufmerksam machst, desto schneller beginnt sich das Aufmerksamkeitskapital zu verzinsen. Kein Image zu haben, ist gleichbedeutend mit einem schlechten. Zeige, was in dir steckt, zeige, was in deinem Unternehmen steckt und sorge dafür, dass dein Name für Qualität, Zuverlässigkeit, Ideen, Engagement und Menschlichkeit steht.

Der dänische Marketingexperte Jesper Kunde, der sich intensiv mit Markenbildung beschäftigt hat, schreibt in seinem Buch *Corporate Religion. Bindung schaffen durch starke Marken*: „Sie können sich heute nicht mehr allein vom Strom der Gezeiten tragen lassen, dabei lediglich die Konkurrenz beobachten und die Kunden nach ihren Wünschen fragen. Was wollen Sie selbst? Was wollen Sie der Welt in Zukunft erzählen? Was hat Ihr Unternehmen, das die Welt bereichern wird? Sie müssen daran glauben. So sehr, dass Sie einzigartig sind in dem, was Sie tun. [...] Mit der richtigen Markenbildung können Sie die ganze Welt mobilisieren. Nike verkauft in Wirklichkeit gar keine Schuhe. Das Unternehmen verkauft das Erlebnis, Nike-Produkte zu tragen und sich als Gewinner zu fühlen, und es fasst die gesamte Botschaft in drei Worten zusammen: *Just do it!* [...] Entscheidend ist, dass Ihr Angebot als einzigartig wahrgenommen wird" (Peters 2007, 157).

Die niederländische Künstlerin Aliki van der Kruijs studierte Modedesign in Arnheim und war eine Kunststudentin wie viele, aber sie wollte mit ihrer Arbeit etwas ganz Neues machen. Ihre Inspiration waren zwölf alte Notizbücher ihres Großvaters, die sie inspirierten, eine Stoffkollektion „Made by Rain" zu machen, die zugleich ihre Masterarbeit wurde. Für ihre eigene Stoffkollektion entwickelte sie eine eigene Technik: die Pluviografie. Sie ermöglicht fotografische Aufnahmen von Regenschauern auf Textilien mit wasserempfindlicher Filmbeschichtung. Der Regen verewigt sich auf der Stoffoberfläche. Aliki, so könnte man sagen, lässt den Regen malen. Wenn sich dicke Wolken am Himmel zeigen, geht sie auf das Dach ihres Ateliers, breitet dort ihre präparierten Stoffe aus, wartet auf den Regen und lässt ihn seine Arbeit tun. Die Tropfen hinterlassen – ob feiner, Niesel, Platzregen oder kurze Schauer – auf den Textilien ihre ganz eigenen Spuren als kleine Punkte, Sprenkel oder Tüpfchen. Auf diese Weise entstehen traumhafte und absolut individuelle Tücher. Jedes einzelne wird von der Künstlerin mit den entsprechenden Wetterdaten versehen: Datum und Ort, Zeit und Regenintensität. So entstand zum Beispiel ein himmelblaues Tuch, das der Regen am 22. Juni zwischen 15.45 Uhr und 15.46 Uhr in Den Haag malte. Die Projekte der Künstlerin wurden bereits in Galerien, Museen und auf Designmessen in Amsterdam, Peking, Mailand, New York und Tokio ausgestellt.

Der Musiker Bob Marley sagte einmal: „Manche Menschen können den Regen spüren. Andere werden nur nass." Genau das macht den Unterschied – und manchmal entsteht auf diese Weise Kunst.

Was einen erfolgreichen von einem erfolglosen Unternehmer unterscheidet, dürfte sich fast schon von selbst beantworten. Dem Erfolglosen fehlt das Engagement, die Eigeninitiative, der Enthusiasmus und die Begeisterung für die Sache. Es fehlt ihm der Wille, sich mit Leistungen und Attraktionen aus der Masse herauszuheben! Er trifft keine Entscheidungen und gibt sich bei geringsten Schwierigkeiten widerstandslos geschlagen. Ihm fehlt die Fähigkeit, die in jeder Krise steckende Chance zu nutzen und bei Stress einfach cool zu bleiben. Es fehlt ihm der Mut, sich selbst zum Siegen zu bestimmen. Erfolgreiche nehmen unvorhergesehene Ereignisse an, wogegen Erfolglose in jeder Antwort Probleme sehen.

Achte auf Umsatzmanagement

Jedes Unternehmen unterliegt Entwicklungsprozessen, die es Punkt für Punkt, immer und immer wieder, zu überdenken gilt. Unternehmen, die selbst bei negativen Umsatz- und Gewinnentwicklungen noch abwarten, statt zu starten, die Lähmungserscheinungen zeigen, statt Feuer zu entfachen, sich selbst und das Team nicht unter Strom setzen, laufen Gefahr, von der Bildfläche zu verschwinden. Sobald ein Unternehmen Müdigkeitserscheinungen zeigt, muss gehandelt werden. Kein Unternehmen darf sich mit Vorhandenem zufriedengeben, wenn mehr erreichbar ist. Gerade wenn man sich auf dem geschäftlichen Höhepunkt glaubt, sollte ein Unternehmen komplett auf den Prüfstand und die Zukunft neu erfunden werden. Denke so, als ob du dein Unternehmen neu gründen würdest! Und denke daran: Je mehr dein Unternehmen bereits realisiert hat, umso größer ist das noch vorhandene Potenzial.

Setze auf Aufbruchstimmung

Auch und gerade junge Unternehmen müssen von Zeit zu Zeit Ursachenforschung betreiben und den Istzustand des Unternehmens ermitteln, um daraus Konsequenzen ziehen zu können. Management verlangt Ehrlichkeit und unternehmerische Dynamik. Das Eingestehen von Fehlern tut zwar weh, hat aber heilende Wirkung.

Wer sein Unternehmen mal mit neuen Augen sehen möchte, der sollte externe Berater hinzuziehen. In jüngster Zeit konnte ich Unternehmer, die einige unternehmerische Perioden verschlafen, die Freude am Beruf verloren und daraus resultierend ihren Betrieb aufgeben wollten, dazu bewegen, nochmals richtig durchzustarten. Es war mein persönlicher Ehrgeiz aufzuzeigen, welche Fähigkeiten in ihnen und welches Potenzial in ihrem Unternehmen stecken. Sie haben sich von meinem „Motivationsbazillus" anstecken lassen und gingen erfolgreich aus dem Neustart hervor. Viele werden jetzt denken, dass genannte Unternehmen in der Vergangenheit versagt haben. Doch das stimmt nur zur Hälfte. Entscheidend ist nicht, dass man eine gewisse Periode verschlafen hat. Entscheidend ist, dass man etwas unternimmt, gegebenenfalls auch externe Unterstützungen in Anspruch nimmt, um aus Stagnation Wachstum zu machen. Motivieren kann man allerdings nur Menschen, die sich motivieren lassen, die Zweifel an ihren Möglichkeiten ausräumen und an ihren Erfolg glauben. Im vorliegenden Fall habe ich den Anstoß gegeben. Den Weg zum Erfolg haben die Unternehmer selbst beschritten, indem sie eine gewisse Neugierde in sich ausgelöst haben.

Die Gründerin von Flowerbx, Whitney Bromberg Hawkings, eine gebürtige Texanerin, schloss ihr Studium der Romanistik an der Columbia University mit einem Bachelor ab. Sie wurde persönliche Assistentin von Tom Ford und begleitete den Modedesigner während seiner Karriere bei Gucci, Yves Saint Laurent und schließlich bei seiner eigenen, gleichnamigen Marke, wo sie zum Senior Vice President of Communications aufstieg. Ihr glamouröses Leben hatte sie für die eigene Selbstständigkeit aufgegeben und gründete trotz drei Kindern ihr eigenes Unternehmen und führte das Blumen-Business ins digitale Zeitalter.

Checkliste: Umsatzkiller

Folgende Negativpunkte können in einem Unternehmen schwerwiegende Umsatz- und Gewinneinbrüche verursachen:

Unfreundlichkeit/Unhöflichkeit
Selbst wenn es sich dabei nur um einen Einzigen im Team handelt, wird das gesamte Betriebsklima davon infiziert.

Dauerstress
Auch dieser „Bazillus" kann ansteckend sein und das Klima vergiften. Dauerstress wird oftmals durch private Probleme ausgelöst, die nicht ins Unternehmen gehören.

Launen
Launen sind für Kunden genauso wie für Mitarbeiter unzumutbar. Außerdem schaden sie dem Ruf des Unternehmens.

Unmotiviertheit
Unmotivierte Personen belasten jedes Unternehmen.

Unzuverlässigkeit
Unzuverlässige Personen haben keinen Respekt vor ihren Partnern.

Mangelnde Initiativen
Menschen, die ihre Ideen nicht ins Unternehmen einbringen, sind wie Partygäste, die sich nur unterhalten lassen, aber selbst keinen Beitrag zum Gelingen der Party leisten.

Mangelnde Innovationen

In jedem Unternehmen können tagtäglich Kleinigkeiten geändert und verbessert werden. Dafür sind alle verantwortlich. Abzuwarten, bis sich andere bewegen oder bis von allein etwas passiert, reicht nicht.

Mangelnde Organisation

Organisation ist eine wichtig zu nehmende Serviceleistung, die von Kunden hoch eingeschätzt wird.

Mangelhafte Leistungsbereitschaft

Für Mitarbeiter, die sich hängen lassen, nur unter Zwang und gegen volle Kostenerstattung an Seminaren teilnehmen, mangelt es an Leistungsbereitschaft. Zudem könnten sie mit der Zeit eine Belastung für ein Unternehmen werden.

Mangelnde Berufseinstellung

Menschen, die nicht zu ihrem Beruf stehen, werden auf Dauer keine Stütze des Unternehmens sein. Durch Negativäußerungen können zudem jüngere, noch nicht gefestigte Mitarbeiter infiziert werden.

Mangelnde Kundenbetreuung

Wenn die „Zwischendurch-Zigaretten" wichtiger genommen werden als die Kunden, dann ist das ein Hinweis darauf, wie sorglos im Unternehmen mit dem Wort Service umgegangen wird. Fehler und Nachlässigkeiten werden sich immer mal einschleichen. Wenn diese Nachlässigkeiten jedoch nicht abgestellt werden, ist ein umsatzkillender Bazillus mehr im Unternehmen.

Sorge dafür, dass sich diese Fehler in deinem Unternehmen nicht einschleichen. Finde heraus, welche der aufgeführten Negativpunkte auf dein Unternehmen zutreffen und was verbesserungsfähig ist. Bewerte, inwieweit sich in deinem Unternehmen bereits umsatzhemmende Schwachpunkte breitgemacht haben. Je mehr negative Aspekte auf dein Unternehmen zutreffen, umso weniger Kundenerwartungen werden erfüllt. Überlege, gegebenenfalls mit deinen Mitarbeitern, wie diese Schwachstellen beseitigt werden können. Formuliere klare Zielsetzungen.

Die Beziehung zum Kunden

Freundlichkeit muss der Leitfaden eines Unternehmens sein

Freundlichkeit ist vermutlich der beste Service, den man Kunden bieten kann. Es ist der Service, der als selbstverständlich erwartet und am stärksten geschätzt wird. Freundlichkeit kostet am wenigsten und bleibt am längsten in Erinnerung. Selbst Reklamationen – die nie gänzlich zu vermeiden sind – werden mit einem freundlichen Umgangston in positive Bahnen gelenkt.

Alles, worüber sich Kunden ärgern, wozu insbesondere Unfreundlichkeit, Überheblichkeit und Aufdringlichkeit gehören, oder wenn mehr versprochen wird, als gehalten werden kann, trägt dazu bei, dass sich die Kunden von dir und deinem Unternehmen für immer verabschieden. Unternehmen, die einfachste Regeln nicht wahrnehmen, können schneller vor dem Aus stehen, als ihnen lieb ist. Alles, was dazu beiträgt, dass sich deine Kunden gerne an dich und dein Unternehmen erinnern, trägt zur Kundenbindung, Kundenwerbung sowie Imagepflege bei.

Höre zu, was dein Kunde zu sagen hat

Das Zuhören ist die Grundvoraussetzung einer gelungenen Kommunikation. Menschen, denen nicht zugehört wird, müssen zwangsläufig annehmen, dass sie nicht ernst genommen werden. Sie schalten irgendwann ab, nehmen am Geschehen nicht mehr teil oder informieren sich anderweitig. So entstehen unüberwindbare, das Vertrauen störende Konflikte. Konflikte entstehen auch, wenn dem Partner durch Gesten und Mimik signalisiert wird, dass das, was er sagt, für dich uninteressant ist. Höre zu und lasse deinen Gesprächspartner aussprechen! Tu nicht so, als wüsstest du schon im Vorfeld, was dein Partner zu sagen hat. Warte ab, was er zu sagen hat! Zuhören ist eine aktive Tätigkeit, die Konzentration, Disziplin und Willenskraft voraussetzt und gelernt werden muss. Nur wer zuhört, kann erfahren, was in dem anderen Menschen vorgeht, was ihn bedrückt und belastet.

Kommuniziere mit deinen Kunden

Zuhören und Kommunikation sind die Basis, um Meinungen, Ideen und Erfahrungen auszutauschen, von und miteinander zu lernen, Dinge unter neuen Perspektiven zu sehen, Vorhaben gemeinsam zu analysieren. Wenn Themen dabei aus verschiedenen Perspektiven betrachtet werden, entwickeln sich auch neue Dynamiken. Wer dagegen seine Gesprächspartner von oben herab behandelt, wird schwerlich an sie herankommen und sie für eigene Interessen sensibilisieren können. Kommunikation heißt geben und nehmen, zuhören und sich mitteilen. Wer diese einfache Regel beherrscht, wird sehr viel erfolgreicher sein als ein Prediger, dem irgendwann keiner mehr zuhört. Zeige Interesse! Stell dich auf deine Kunden und Partner ein. Zeige, dass du ihre Gedanken nachvollziehen kannst. Wiederhole ihre Gedanken und knüpfe an ihre Überlegungen an. Stelle Zwischenfragen. Lass dir Beispiele nennen und zeige mit Beispielen aus deiner Praxis, dass du ihre Gedankengänge nachvollziehen kannst. Gehe auf die Vorstellungen und Wünsche des Kunden ein und präsentiere ihm dann deine Vorstellung. Den umgekehrten Weg wird der Kunde, weil er sich dann nämlich nicht verstanden und in die Ecke getrieben fühlt, nicht akzeptieren. Wenn ein Kunde Unmut oder Unzufriedenheit äußert, sollte man das ernst nehmen und ihm sogar dankbar sein, denn er weist dich auf eventuelle Schwachstellen deines Unternehmens hin.

„Der Kunde ist der Schatz, die Ware ist nur Stroh", sagt ein chinesisches Sprichwort. Sam Walton, Gründer der Supermarktkette Wal-Mart, formulierte schon zu Beginn seine wichtigsten unternehmerischen Grundsätze, an die sich alle seine Mitarbeiter zu halten hatten und die schnell zu weithin bekannten geflügelten Worten wurden: „Regel Nummer eins: Der Kunde hat immer recht. Regel Nummer zwei: Sollte der Kunde doch einmal unrecht haben, gilt Regel Nummer eins." „Das Geheimnis des erfolgreichen Handels", schrieb er in seiner Autobiografie *Made in America*, „ist es, dem Kunden zu geben, was er will" (welt online 11.12.1998).

Setze Mimik und Körpersprache ein

Augen, Mimik, Körperhaltung und Tonfall drücken aus, was du denkst und fühlst. Mit Mimik und Körpersprache kannst du dein Engagement, deine Energie und deine Freude zum Ausdruck bringen und deinem Gesprächspartner zeigen, dass es dir Vergnügen bereitet, mit ihm zu sprechen und mit ihm zusammenarbeiten zu dürfen. Ein Gesprächspartner registriert ganz genau, ob du seinen Gedanken und Wünschen gelangweilt oder mit Enthusiasmus und Interesse begegnest.

Selbst bei Telefongesprächen mit dem Kunden ist die Körpersprache von Bedeutung. Der Telefonpartner merkt, ob sein Gegenüber abgelenkt oder konzentriert, gehetzt oder aufmerksam, interessiert oder desinteressiert, schläfrig oder hellwach auf seine Anliegen reagiert.

Biete umfangreiche Informationen

Je intensiver Kunden über Vorzüge eines Unternehmen informiert, gesammelte Erfahrungen jung und lebendig gehalten werden, umso mehr wird ein Unternehmen von den Kunden geschätzt. Nur gut informierte und überzeugte Kunden werden ein Unternehmen weiterempfehlen. Kunden, die ein Unternehmen nicht mehr weiterempfehlen, sind bereits mit Abwanderungsgedanken beschäftigt. Viele Unternehmer sind der Meinung, dass sich gute Ideen von allein durchsetzen. Nach meinen Erfahrungen werden Ideen erst dann zum Selbstläufer, wenn sie überzeugen und den Kunden richtig verpackt nähergebracht werden. Menschen, die im Dunkeln stehen, sind orientierungslos. Genauso geht es unseren Kunden. Informationen werden von ihnen als Wertschätzung wahrgenommen.

Erfolgreiche Menschen überraschen ständig mit neuen Aktivitäten. Sie lassen sich von allen Seiten motivieren. Sie überlegen, denken nach, gehen der Sache auf den Grund und handeln flexibel. Menschen, die Flexibilität leben und sich ständig etwas Neues einfallen lassen, werden von ihrem Umfeld auch wahrgenommen. Sie holen sich den Erfolg ins Haus. Mit Flexibilität kann man den Kunden beweisen, dass im eigenen Kopf ständig Erneuerungen stattfinden und dass man in der Lage ist, auf Herausforderungen spontan zu reagieren. Mit Flexibilität kann man Kunden zeigen, dass man ihrem Tempo, ihrem ständig veränderten Lebensstil und ihren Wünschen Rechnung tragen kann, was in allen Berufssparten immer wichtiger wird. Das Besondere daran ist, dass man mit ein wenig Fantasie täglich damit aufwarten kann.

Gib Entwicklungen an deine Kunden weiter

Wichtig ist, dass Blockaden in den Köpfen gelöst und neue Inspirationen zugelassen werden. Es ist wichtig, dass Entwicklungen verfolgt und nicht aus Bequemlichkeit oder nach dem Motto: „Nicht schon wieder was

Neues" aus mangelndem Interesse unbeachtet bleiben. Denn dann wird den Kunden etwas vorenthalten. Erfolgreiche Unternehmer wissen, dass Erfolge nicht von allein kommen. Sie handeln flexibel und bauen nicht nur auf Erfahrung. Sie sind neugierig, Neues zu entdecken und geben jede Art von News und Entwicklungen an ihre Kunden weiter.

Erfahrung ist zwar gut, muss aber nicht immer der richtige Ratgeber sein. Wie soll man neue Eindrücke und neue Denkrichtungen kennenlernen, wenn man sich von Althergebrachtem nicht lösen kann? Wenn man sich aufgrund von vergangenen Erfahrungen zurückzieht, wird man kaum erfahren, wie spannend und herausfordernd die Zukunft sein kann. Aufgeschlossene, zukunftsorientierte Menschen sehen in ewigen Besserwissern Auslaufmodelle. Sie wenden sich ab und suchen sich Partner, die bereit sind, in geistige Herausforderungen zu investieren.

Mitarbeiter führen und motivieren

Setze auf Teamleistungen

Viele Unternehmer sprechen gerne von dem „guten Teamgeist" in ihrem Unternehmen. Wer jedoch Erfolge einzelner Teams verfolgt, wird feststellen, wie unterschiedlich Erfolge ausfallen können. Die Gründe dafür liegen darin, dass eine Teamgemeinschaft nicht herbeigeredet, sondern wachsen bzw. durch Leistungsanforderungen gefördert werden muss. Das Verlangen nach Leistung, Zweck, Ziele, Arbeitseinsatz und Verantwortlichkeit, egal ob sie etwas herstellen, managen oder empfehlen, gehören zu den Grundregeln.

Die Aufgabe von Führungskräften ist es, Leistungen und Bedürfnisse der Kunden und Mitarbeiter in Einklang zu bringen. Ein Team kann aus einer kleinen Zweckgemeinschaft, zum Beispiel Autor und Lektor, Koch und Servicekraft eines kleinen Restaurants bestehen und ein gegenseitig motivierendes Team sein. Über Teams und Teamgestaltungen wurden unzählige Bücher geschrieben. Die besten Teams sind allerdings die, die sich getragen von Leistungsansporn selbst finden. Aufgabe von Führungskräften ist es, Leistungsvorgaben zu geben und die aufgedrehten Kreativen, die stillen Fleißigen und erfahrenen Kräfte, in einer Gruppe zu einer Einheit zu verschmelzen. Individuelle Einzelleistungen stehen damit nicht im Widerspruch zu Teamleistungen, worin sich jeder im Team finden und auszeichnen kann. Eine Teamgemeinschaft kann nur im Miteinander vom Unternehmer über Führungskräfte bis zum jüngsten Mitarbeiter und nicht im Gegeneinander entstehen. Verantwortlich für ausbleibenden bzw. unzureichenden Erfolg ist nie der Kundenkreis, sondern fast immer ein nicht gewachsenes, wenig harmonierendes Team, in dem die Einzelnen nur für sich und nicht zusammenarbeiten. Festungsdenken ist die Todsünde in jedem Unternehmen. Als sicher gilt, dass Führungskräfte ohne engagierte Mitarbeiter oder Einmannunternehmen ohne ausreichende Motivation und wechselseitige Bestätigung von außen ihre Ziele schwerlich erreichen werden.

Achte auf deinen Führungsstil

Führung ist erlernbar und insbesondere für den Umgang mit den Mitarbeitern von fundamentaler Bedeutung. Unternehmer, die sich über zu wenig gut geschulte Mitarbeiter und Personalwechsel beklagen, müssen sich selbst hinterfragen, ob sie genug für die Aus- und Weiterbildung investieren. Unternehmer mit Führungsqualitäten fördern und schulen die Stärken ihrer Mitarbeiter, motivieren, zollen Lob und geben einer Entwicklung Zeit. So haben sie nicht nur gute, sondern langfristig auch zufriedene Mitarbeiter.

Ein Freund erzählte mir kürzlich folgende Episode: Seine Nichte war gerade aufs Gymnasium gekommen. Er fragte sie nach ihren Lieblingsfächern. – Sie kennen das: Was will man mit so jungen Menschen reden? Man will sie nicht langweilen und meistens tut man es doch, stellt immer dieselben Fragen. – Ihre Antwort verblüffte ihn, denn es war alles andere als der Small Talk, den wir Erwachsenen so gern praktizieren. (Lernen wir von unseren Kindern und Jugendlichen!) Seine Nichte antwortete: „Das ist nicht so einfach zu beantworten. Mein Lieblingsfach ist Religion, obwohl es mich nicht so interessiert. Aber der Lehrer ist witzig und der Unterricht macht sehr viel Spaß. [...] Deutsch interessiert mich eigentlich am meisten, aber der Lehrer ist so langweilig." Was für eine Aussage! Es kann sicher jeder ein Lied davon singen, wie sehr ihm ein schlechter Pädagoge (s)ein (Lieblings-)Fach verleidete, weil diesem – was auch an unserem starren Bildungssystem liegt – die Begeisterung und Leidenschaft für sein Fachgebiet fehlten oder abhanden gekommen waren und er dementsprechend auch keine Begeisterung in den Köpfen auslösen konnte. Bei guten Lehrern dagegen macht das Lernen Spaß, wie seine Nichte richtig bemerkte. Ein guter Lehrer ist ein Motivationsprofi, der die individuellen Talente fördert und ermutigt, der selbst lernfähig bleibt und eine hohe Selbstmotivation hat. Das gilt eins zu eins auch für Unternehmer. Wir hatten bereits über die Wichtigkeit von Leidenschaft und Flow gesprochen und darüber, wie ansteckend eine solche Haltung ist. Sie ist es nicht nur in Bezug auf die Kunden, sondern auch genauso in Bezug auf die Mitarbeiter. Wir alle kennen Menschen, die, wenn sie reden, den Eindruck erwecken, dass sie nur vorgestanzte Sprechblasen von sich geben. Leidenschaft sieht anders aus.

Lernen ist ein persönlicher Vorgang, der das individuelle Talent berücksichtigen muss. Und Lernen hat unbedingt mit Spaß und Leidenschaft zu tun. Wir haben bereits herausgestellt, dass man sich am intensivsten und konzentriertesten mit Dingen beschäftigt, die einem am Herzen liegen. Lernen geschieht auf diese Weise nahezu spielerisch und beiläufig.

Schaffe eine Atmosphäre, in der sich die Talente deiner Mitarbeiter voll entfalten können. Das funktioniert nur, wenn du zum Partner deiner Mitarbeiter wirst. Beziehe sie ein in deine Entscheidungen. Es gilt hier dasselbe wie gegenüber deinen Kunden: Höre ihnen aufmerksam zu, höre zu, was sie zu sagen haben. Sei neugierig ihnen gegenüber und nimm alles ernst. Lerne von deinen Mitarbeitern. Ermutige sie, sage ihnen, wie wertvoll sie für dein Unternehmen sind. Dann werden deine Mitarbeiter auch ihr Bestes geben.

Entdecke die Persönlichkeit deiner Mitarbeiter

Intelligenz hat viele Gesichter. Jeder Mensch ist einmalig. Einige sind eher introvertiert, andere extrovertiert. Die Introvertierten arbeiten lieber allein und haben einen schier unerschöpflichen Vorrat an eigenen Ideen. Die Extrovertierten brauchen äußere Reize und Herausforderungen, um zur Höchstform auflaufen zu können. Manche handeln eher impulsiv und vertrauen ihrem „sechsten Sinn", andere handeln erst nach sorgfältiger Überlegung und planen langfristig. Einige lieben zeitintensive Projekte, die sich über Monate hinziehen, andere brauchen den kurzfristigen, schnellen Erfolg.

Und natürlich sind diese Gegensätze in dieser extremen Form nie so in der Realität anzutreffen. Jeder Mensch hat zum Beispiel nicht nur extrovertierte, sondern auch introvertierte Anteile. Der Schweizer Arzt und Psychoanalytiker Carl Gustav Jung hat in seinem Buch *Psychologische Typen* die oben genannten und weitere Persönlichkeitsmerkmale unterschieden und deren Auswirkungen aufgeschlüsselt. Sein Buch bildete 1962 die Grundlage des Myers-Briggs-Typenindikators (MBTI), der bis heute immer weiter verfeinert und weiterentwickelt wurde. In Unternehmen, Universitäten und Berufsberatungen findet der Indikator heute millionenfach Anwendung. Ganz wichtig – und das hatte C. G. Jung immer wieder betont – ist, dass keines der Persönlichkeitsmerkmale per se negative Bedeutung hat. Und auch wenn jeder Mensch in seinem Charakter und seiner Persönlichkeit einzigartig sei, könne man doch aus bestimmten Persönlichkeitsmerkmalen recht zuverlässig darauf schließen, wie sich ein Mensch in bestimmten Situationen verhalte und in welchem beruflichen Feld er besonders gut einsetzbar sei.

Unabhängig davon, ob man mit diesem Indikator arbeitet oder sich davon anregen lässt – die Wahrnehmung und Wertschätzung der unterschiedlichen Persönlichkeiten deiner Mitarbeiter ist eine wichtige Voraussetzung eines lebendigen und gesunden Unternehmens. Je intensiver Persönlichkeitsmerkmale von Mitarbeitern wahrgenommen werden und je empathischer auf ihre Fähigkeiten eingegangen und diese integriert und gefordert werden, umso erfolgreicher werden sie ihren Job machen.

Setze auf begeisterungsfähige Mitarbeiter

Wenn sich Mitarbeiter in einem Unternehmen wohlfühlen, wenn sie spüren, dass sie im Team aufgenommen sind und dass ihnen etwas zugetraut wird, dann engagieren sie sich auch entsprechend. Unternehmer, die kein

Ohr und keinerlei Antenne für das Wohl ihrer Mitarbeiter haben und nur kritisieren, stehen einem positiven Aufbau ihres Unternehmens selbst im Weg.

Handle ehrlich und spontan! Traue dich, Positives auszusprechen. Egal, wie erfolgreich ein Mensch ist, anerkennende Worte über besondere Leistungen und persönliche Stärken hören alle gerne. Denke niemals, dass dieser oder jener Anlass zu geringfügig wäre. Ein aufrichtig und ehrlich gemeintes Kompliment drückt Hochachtung aus. Anerkennung sollte aber nicht nur bei Ausnahmeleistungen, sondern bei jeder gut gelungenen Arbeit ausgedrückt werden.

Als sicher gilt, dass Mitarbeiter, die Wertschätzung von ihren Führungskräften erfahren und an Aufgaben herangeführt werden, die ihnen selbst sinnvoll erscheinen, sich selbst managen und organisieren.

Motiviere durch Anerkennung

Anerkennung ist neben der Übertragung verantwortungsvoller Aufgaben und zusätzlicher Verdienstmöglichkeiten die beste Form der Motivation. Anerkennung steigert das Selbstbewusstsein, bringt Sicherheit und setzt ungeahnte Kräfte frei. Was ist dabei, wenn man Menschen zeigt und sagt, dass man gern mit ihnen zusammenarbeitet, dass sie auf dem richtigen Weg sind, dass sie Talent besitzen, dass man mit ihnen rechnet und auf ihre Fähigkeiten vertraut?
Mit Anerkennungen werden insbesondere bei jüngeren Mitarbeitern Zweifel zerstreut, Motivationen ausgelöst,

brachliegende Reserven und Stärken entfacht, sowie das Licht zum Erfolg angeknipst.

Einer der besten Managementtrainer der Welt, Thomas Peters, betont in seinen Büchern und Artikeln immer wieder, wie ausschlaggebend eine positive Einstellung für beruflichen Erfolg ist und wie elementar wichtig Lob und positives Feedback sind. Er sagt, dass diejenigen Unternehmer und Manager, die keine Negativität dulden, am erfolgreichsten seien.

Sei nah dran am Team

Fußballtrainer Jürgen Klopp, der in der Saison 2010/11 mit Borussia Dortmund Deutscher Meister wurde und mit Liverpool die Champions League und die erste Meisterschaft seit 30 Jahren gewann, begeistert Millionen Menschen mit seinem erfrischenden, euphorischen Fußball. In einem Interview sagte er: „Wenn du nah dran bist am Team, stellen dir die Spieler Fragen. Um Antworten zu haben, musste ich ein bisschen was lernen. [...] Ich bin mir sicher: Eine schlechte Leistung macht niemanden zu einem schlechteren Menschen. Fehlpass ist nicht gleich Idiot. Ich war schon immer neugierig. Wenn man wissen will, was die anderen bewegt, muss man sich unterhalten. Der andere erzählt aber nur, wenn er das Gefühl hat, ich höre zu. Zuhören geht nur über Interesse. Ich quatsch zwar viel, aber ich kann fast besser zuhören" (NZZ am Sonntag, 24.4.2011).

Klopps früherer Trainer und Lehrmeister Wolfgang Frank ergänzt: „Eine Mannschaft muss spüren, dass du als Trainer bei ihr bist. [...] Abgehobene Fußballlehrer haben aus meiner Sicht heute keine Chance mehr. Die jungen Spieler erwarten von einem, dass man mit ihnen lebt, sich mit ihnen auseinandersetzt und kreativ ist. Sie wollen eine direkte, zeitgemäße Ansprache. Man kann auch mal eigene Fehler zugestehen, um dann wieder von ihnen Dinge einzufordern. Das ist ein permanentes Geben und Nehmen – und ich glaube, der Jürgen [Klopp] macht das sehr gut. Er verbindet sachliche Diskussionen mit einer gewissen Emotionalität" (FAZ am Sonntag, 1.5.2011).

Das ist nicht nur im Fußball so, dass abgehobene Teamleiter heute keine Chance mehr haben. Vertikale Hierarchien waren gestern, heute sind flache Hierarchien gefragt. Die Zeiten, in denen ein Chef wie eine Art allwissender Befehlshaber agierte und die „Untergebenen" zu gehorchen hatten, sind vorbei. Um Mitarbeiter höchstmöglich zu motivieren, ist ein aufrichtiges, authentisches Vertrauensverhältnis notwendig. Dazu gehört auch, eigene Fehler einzugestehen und sein Nichtwissen auch mal mit einem schlichten „Ich weiß es nicht" zuzugeben. Ein ähnliches Meisterwerk wie Jürgen Klopp ist Hansi Flick gleich mit seiner ersten Cheftrainerposition beim FC Bayern gelungen. Getreu dem Motto „Sei nah dran am Team" machte er aus einer unsicher auftretenden Mannschaft durch Fachkompetenz, sensibles Eingehen auf die einzelnen Spielerpersönlichkeiten, Wiedereingliederung (fast) aussortierter erfahrener Spieler, die unter seiner Ägide zu Führungsspielern wurden, ein homogenes, selbstbewusstes Kollektiv. So schaffte er innerhalb von neun Monaten das Triple: mit dem FC Bayern wurde er Deutscher Meister, Pokalsieger und Champions-League-Gewinner 2020.

Suche Fehler zuerst bei dir selbst

Ein befreundeter Kollege hatte mir vor einigen Jahren eine junge Mitarbeiterin empfohlen, die den Betrieb wechseln wollte und die – wie er mir versicherte – eine sehr tüchtige Kraft sei. Da ich mit ihren fachlichen Leistungen nicht so zufrieden war, habe ich mich nach wenigen Monaten von ihr getrennt. Was nun passierte, ist unglaublich, aber wahr. Obwohl diese Mitarbeiterin nur wenige Monate bei uns arbeitete, haben die Kunden noch Jahre später nach dieser netten, aufmerksamen und freundlichen Mitarbeiterin gefragt. Ich habe schnell, aber doch zu spät bemerkt, warum mir mein befreundeter Kollege diese Mitarbeiterin als besonders tüchtig empfohlen hatte. Gleichzeitig spürte ich auch, wie sehr ich mich getäuscht hatte und wie unfähig ich gewesen war, die Mitarbeiterin richtig einzuschätzen. Bei mehr Aufmerksamkeit hätte ich die menschlichen Stärken erkennen und die noch vorhandenen fachlichen Unzulänglichkeiten ausgleichen müssen. Eine Fehlbeurteilung, die mir niemals hätte passieren dürfen.

Lerne von der Jugend

Unternehmen, die auf jugendliche Verbraucher setzen, müssen sich natürlich insbesondere mit jüngeren Mitarbeitern umgeben. Unternehmen, die mit ihren Angeboten eine breitere Kundenschicht ansprechen, sollten einen Mix von erfahrenen und jüngeren Mitarbeitern wählen. In der Zusammenarbeit mit den frechen jungen und den erfahrenen Mitarbeiter profitieren alle und insbesondere das Unternehmen. Es sind die Älteren, die mit ihrem

Know-how unschlagbar sind. Und es ist die Jugend, die den Mut zur Erneuerung besitzt. Dieser Mix macht (fast) jedes Unternehmen unverwechselbar und spannend.

Je jünger Mitarbeiter sind, umso mehr Aufmerksamkeit und Fürsorge benötigen sie. Junge Menschen müssen an ihre Aufgaben herangeführt, ihre Fähigkeiten entdeckt und so eingesetzt werden, dass sie ihr Potenzial entwickeln können. Sie müssen die Chance zum Experimentieren bekommen, ihrer Fantasie freien Lauf lassen können (was Fehler einschließt), um so ihren eigenen Stil und ihre eigene Linie zu finden. Genauso wichtig ist es, dass Berufsneulingen verdeutlicht wird, dass sie ein Teil des Unternehmens sind und dass sie ihren Teil für ihren ganz persönlichen Erfolg und für den Erfolg des Unternehmens beitragen müssen.

Zeige mir deinen beruflichen Nachwuchs und ich zeige dir, welche Zukunft dein Unternehmen hat. Ein Unternehmen ist nur so gut gerüstet wie der Nachwuchs, den es zur Verfügung stellen kann. Weil dem so ist, können und dürfen gute Unternehmen nicht von der Verantwortung entbunden werden, Nachwuchsarbeit zu leisten und der Jugend im eigenen Interesse eine Chance zu geben. Bleibt der qualifizierte Nachwuchs aus, landet jedes Unternehmen – egal welcher Branche es angehört – in der Sackgasse. Ausbildungsverweigerung ist unternehmerisch und gesamtwirtschaftlich unsinnig. Die Auszubildenden von heute sind die Meister, Ausbilder, Unternehmer und Hoffnungsträger von morgen. Je innovativer und verantwortungsvoller ein Unternehmer sich der Ausbildung stellt und er die Jugend fördert, desto effizienter ist diese im Unternehmen einsetzbar.

Unternehmer, die ihre eigene Ausbildungszeit nicht vergessen haben, wissen das. Sie wissen, dass Methoden für den einen goldrichtig, für andere völlig unpassend und ungeeignet sein können. Geschickte Führungspersönlichkeiten wissen auch, dass ausländische Kräfte, die unserer Sprache noch nicht zu 100 Prozent mächtig sind, besonders fürsorgliche Unterstützung benötigen. Es wird immer außerordentlich Talentierte und weniger Talentierte geben. In jedem stecken aber spezielle Fähigkeiten, die es lohnt zu entdecken. Vielleicht muss der eine oder andere mehr dafür tun oder auch mehr für ihn getan werden. Anstrengungen in dieser Hinsicht lohnen sich und zahlen sich auf Dauer stets aus.

In einem Team müssen alle dieselbe Aufmerksamkeit erfahren. Dies gilt auch für die Jüngeren. Wenn Unternehmer sagen, dass ihre Mitarbeiter das größte Kapital sind, jedoch junge Talente blockieren, dann kann davon ausgegangen werden, dass sie ihr Kapital nicht in vollem Umfang nutzen. Deine Mitarbeiter sind nur dann das größte Kapital, wenn sie, mit entsprechenden Kompetenzen und Verantwortung ausgestattet, ihre Kreativität unter Beweis stellend eingesetzt werden.

Zur Aufgabe eines Unternehmens gehört es, Signale auch von jüngeren Mitarbeitern aufzunehmen und ins Unternehmen zu integrieren. Der Modemacher Renzo Rosso hat erkannt, dass gerade die Jugend in der Lage ist, Wünsche zu wecken und Wünsche entstehen zu lassen. Er sagt: „Unsere Erfolge sind dadurch begründet, dass wir den Weg der Jugend verfolgen, dass wir die Wünsche der Jugend erfassen und erwidern. Unsere internationalen Mitarbeiter sind kaum älter als 25 Jahre. Wir hören dieselbe Musik, sehen dieselben Filme und teilen dieselben Träume wie die jugendlichen Verbraucher. Die jungen Leute entwickeln ihre eigenen Trends. Sie bestimmen, was gefällt und was nicht. Was wir tun müssen, ist, ihre Lebenseinstellung in uns aufzunehmen und ihnen geben, was ein Teil ihrer Lebenseinstellung ist. Das ist der einzige Weg, mit ihnen zu kommunizieren bzw. mit ihnen ins Geschäft zu kommen." Renzo Rosso ist mit seiner Philosophie das Kunststück gelungen, aus einem brachliegenden No-Name-Produkt die weltweit bekannte Marke Diesel zu schaffen. Eine Marke, die trotz ihres jugendlichen Labels nicht nur von der Jugend wahrgenommen wird.

Lerne von der Jugend. Ermutige sie, an Diskussionen teilzunehmen. Gerade sie ist es, die oftmals mit ganz unkonventionellen Gedankengängen überrascht. Wer den Jugendlichen zuhört, erhält die Chance, eigene Ideen zu überprüfen und zu erweitern und auf eine ganz neue Ebene zu gelangen. Mitarbeiter erwarten von Führungskräften sogar, dass ihnen etwas zugemutet wird und dass sie vor Aufgaben gestellt werden, die im ersten Moment schier unlösbar erscheinen. Sie erwarten aber auch Führungstransparenz. Aussagen, die rein kommerziellen Charakter haben, beispielsweise „Wir müssen den Umsatz steigern" oder: „Wir müssen mehr verkaufen" sind für sie untaugliche Versuche. Insbesondere jüngere Mitarbeiter sehen das eher als versteckte Kritik und nicht als Motivation.

Alle angesprochenen Themen sollen motivieren, die eigenen Ideen und Vorhaben in die Tat umzusetzen. Zur Themenvertiefung sei auf die Literaturauswahl am Ende dieses Buches verwiesen.

Literatur

Arias, Juan im Gespräch mit Paulo Coelho: Bekenntnisse eines Suchenden. Diogenes: Zürich 2001

Csikszentmihalyi, Mihali: Das Flow-Erlebnis. Klett-Cotta: Stuttgart 2005

Csikszentmihalyi, Mihali: Kreativität. Wie Sie das Unmögliche schaffen und Ihre Grenzen überwinden. Klett-Cotta: Stuttgart 1997

Gladwell, Malcolm: Überflieger. Warum manche Menschen erfolgreich sind und andere nicht. Campus: Frankfurt/New York 2009

Goleman, Daniel: Emotionale Intelligenz. Hanser: München 1996

Graeber, David: Bullshit Jobs: Vom wahren Sinn der Arbeit. Klett-Cotta: Stuttgart 2019

Izzo, John: Die fünf Geheimnisse, die Sie entdecken sollten, bevor Sie sterben. Goldmann Verlag: München 2010

Jeffers, Susan: Selbstvertrauen gewinnen: Die Angst vor der Angst verlieren. Kösel-Verlag: München 1992

Kiefner, Georg: Von Siegern siegen lernen.

Kittlitz, Alard von: „Karger Lohn und fette Beute", FAZ vom 5./6. Dezember 2009

Kunde, Jesper: Corporate Religion. Bindung schaffen durch starke Marken. Gabler: Wiesbaden 2000

Leonard, George: Der längere Atem. Die fünf Prinzipien für langfristigen Erfolg im Leben. Heyne: München 2006

Martens, Jens-Uwe/Kuhl, Julius: Die Kunst der Selbstmotivierung. Neue Erkenntnisse der Motivationsforschung praktisch nutzen. Kohlhammer Verlag: Stuttgart 2011

Meck, Sabine/Landes, Johann: Das Rätsel Erfolg. Auf den Spuren eines Phänomens. Wissenschaftliche Buchgesellschaft: Darmstadt 2004

Miedaner, Talane: Coach dich selbst, sonst coacht dich keiner. mvg Verlag: Heidelberg 2002

Molitor, Stella U.: Strategische Karriereplanung. Aufstieg und berufliche Umorientierung systematisch nutzen. Cornelsen Verlag: Berlin 2006

Peters, Tom: Re-imagine. Spitzenleistungen in chaotischen Zeiten. Gabal Verlag GmbH. Offenbach 2007

Rampe, Micheline: Der R-Faktor. Das Geheimnis unserer inneren Stärke. Knaur Verlag: München 2005

Robinson, Ken: In meinem Element. Wie wir von erfolgreichen Menschen lernen können, unser Potenzial zu entdecken. Goldmann Arkana: München 2010

Tasma-Anargyros, Sophie: Andrée Putman. München 1993

Taylor, David: The naked Leader. Linde: Wien 2003

Georg Kiefner wurde in Mailing, Kreis Ingolstadt, geboren. Im Alter von 20 Jahren machte er sich in Köln selbstständig. Für seine fachlichen Leistungen erhielt er zahlreiche nationale und internationale Auszeichnungen. Seine weiteren Betätigungsfelder: Produktentwicklungen in Zusammenarbeit mit der Industrie, Publikationen (Bücher und Zeitschriftenartikel), Erfindungen, Lehrfilmproduktionen, Fernsehauftritte, Trendveranstaltungen, Unternehmensberater.

Georg Kiefner hat zwei Kinder und lebt heute mit seiner Frau Maritta in München.